스트래티직 씽킹

옮긴이 이재득

지금 사회가 어떻게 현재의 모습을 갖추게 되었는지 늘 궁금하다. 사회에서 일어나는 변화들을 독자들에게 전달하는 데 큰 애정을 품고 번역한다. 국내에서 신문방송학을 전공하고 미국과 뉴질랜드에서 경영학을 수학했다. 현재 뉴질랜드에 살고 있다. 글밥 아카데미 수료 후, 바른번역에서 경제경영, 인문·사회과학 및 시사 분야 전문 번역가로 활동 중이다. 《일은 당신을 사랑하지 않는다》, 《부자아빠가 없는 너에게》 등을 우리말로 옮겼다.

스트래티직 씽킹

리더들의 구루가 들려주는
경쟁하지 않고 이기는 6가지 비즈니스 전략 법칙

초판 1쇄 펴낸날 2024년 7월 12일

지은이 마이클 왓킨스
옮긴이 이재득
펴낸이 이건복
펴낸곳 동녘사이언스

편집 이정신 이지원 김혜윤 홍주은
디자인 김태호
마케팅 임세현
관리 서숙희 이주원

등록 제406-2004-000024호 2004년 10월 21일
주소 (10881) 경기도 파주시 회동길 77-26
전화 영업 031-955-3000 편집 031-955-3005 전송 031-955-3009
홈페이지 www.dongnyok.com 전자우편 editor@dongnyok.com
페이스북·인스타그램 @dongnyokpub
인쇄 새한문화사 라미네이팅 북웨어 종이 한서지업사

ISBN 978-89-90247-88-9 (03320)

- 잘못 만들어진 책은 구입처에서 바꿔 드립니다.
- 책값은 뒤표지에 쓰여 있습니다.

만든 사람들
편집 박은영 디자인 김태호

리더들의 구루가 들려주는
경쟁하지 않고 이기는 6가지 비즈니스 전략 법칙

스트래티직 씽킹

마이클 왓킨스 지음   이재득 옮김

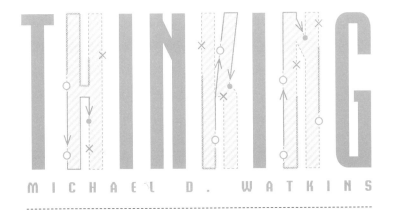

MICHAEL D. WATKINS

동녘사이언스

이 책에 쏟아진 찬사들

챗GPTChatGPT, 멀티모달multi modal과 같은 기술 혁신과 새로운 용어가 범람하는 가운데, 장기 전략을 세우고 실행하기는 점점 어려워지고 있다. 오픈AIOpenAI, 어도비, 구글 등 굴지의 기업이 새로운 기술을 발표하면 1,000개의 스타트업이 문 닫는다는 말이 있을 정도다. 지금 이 순간에도 초고속으로 성장하는 기업들이 분명 생겨나고 있다. 내가 직접 만난 기업의 리더들은 모두 전략적 사고의 설계자이자 실행자였다. 오픈AI는 아무도 그들의 비전을 믿지 않을 때 현재의 모습을 그리며 7년의 세월을 견뎠고, 창업 2년 만에 1조 기업가치를 달성한 퍼플렉시티Perplexity는 무일푼 시절부터 구글을 이길 기회가 있다고 믿고 뾰족한 전략을 세우고 실행했다. 전략적 사고는 창의적이고 장기적인 시각으로 미래를 예측하고 현실적으로 평가하면서 인내를 요구한다. 이 책은 방대한 정보의 홍수에서 나침반이 되어줄 전략적 사고의 중요성을 일깨우고, 그 실천 방법을 안내함으로써 독자가 독창적이고 원대한 도약을 준비할 수 있도록 돕는다.

김태용 이오 스튜디오 대표

리더가 된다는 것은 선택일까, 운명일까? 커리어의 새로운 국면이 될 리더십을 어떻게 키워갈 수 있을까? 이 책은 리더십 포지션에 있는 모든 사람이 가진 근본적인 고민에 대한 답을 제시한다. 같은 회사에서 오래 몸담아 누구보다 회사를 잘 안다고 생각하는 사람에게도, 회사에서 능력을 인정받아 순조롭게 승진의 길을 걸어온 사람에게도, 리더의 역할은 전혀 다른 도전이 될 수 있다. 매 순간 결정은 어렵고, 처리해야 하는 정보의 양은 실시간으로 넘쳐난다. 산발적으로 튀어나오는 리스크와 변수는 예측을 불허한다. 그런데도 리더는 단순히 주어진 문제만을 해결하는 것이 아니라 조직을 지속시키는 역할을 수행해야 한다.

이 책은 '전략적 사고Strategic thinking'가 문제 해결의 결정적인 역할을 하는 과정을 자세히 풀어내고 있다. 전략적 사고는 의사결정을 둘러싼 내부적 외부적 상황을 깊이 이해하고, 문제를 명확히 드러내며, 잠재적 기회를 식별해내는 과정의 프레임워크framework다. 이러한 사고의 프로세스를 활용하는 사람과 그렇지 않은 사람의 결과물은 크게 다를 수밖에 없다. 선택의 결과뿐만 아니라, 문제 해결 과정에서 겪는 시행착오의 종류와 성격 또한 분명히 다르게 나타난다. 이제 막 리더의 역할을 맡은 당신, 이미 리더로서 수많은 의사결정 앞에 놓인 당신, 머지않은 미래에 리더의 자리에 서게 될 당신에게 이 책은 유용한 지침서가 될 것이다.

이보영 에델만코리아 전무

"비즈니스 리더들에게 그 어느 때보다 전략적 사고 능력이 중요한 시대다. 저자는 전략적 사고가 무엇이고, 왜 중요한지를 구체적으로 알려준다. 전략적 사고는 키워나갈 수 있는 능력이다. 저자는 이 점을 입증한 후, 현장 경험과 멘탈 트레이닝을 적절히 섞어 전략적 사고를 함양하는 구체적인 지침을 제공한다. 저자의 통찰은 조직의 리더가 되고자 하는 모든 이에게 도움이 될 것이다."

장 프랑수아 만초니Jean-Francois Manzoni　스위스 국제경영개발원IMD 총장

"불확실한 미래에 조직을 이끌어가는 데 꼭 필요한 청사진이 담긴 책이다. 저자는 전략적 사고가 단지 하나의 기술이라는 생각에 반대하며, 성공을 낳는 전략적 사고의 기본 원칙과 도구를 상세히 설명한다. 이 놀라운 안내서를 통해 최고의 전략적 사고자로 거듭나길 바란다."

다리우스 아담칙Darius Adamczyk　다국적기업 하니웰 회장

"당신이 막 커리어를 시작했든, 팀이나 다국적기업을 이끄는 리더든, 저자가 알려주는 통찰은 전략적 사고로 탁월한 계획을 수립하고 실행하는 데 필요한 지침을 줄 것이다. 전략적 사고를 통해 합리적 의사결정에 필요한 실용적인 도구와 기법을 안내받을 것이다."

크리스털 다우닝Cristal Downing　글로벌 헬스케어 기업 머크앤컴퍼니 전무, 홍보 이사

"마이클 왓킨스 교수는 난해하기만 했던 리더십 개념을 구체적이고 실용적으로 접근해 철저히 파헤쳤다. 당신은 타인은 물론, 자신 안에 존재하는 리더십 역량을 알아볼 수 있는 눈을 갖게 될 것이다."

에딜슨 카마라Edilson Camara　글로벌 리서치 기업 이곤 젠더 최고경영자

차례

들어가며

　　　　전략적 사고strategic thinking는 기업, 정부, 기타 조직의 리더라면 꼭 갖추어야 할 자질이다. 미래를 예측해 계획하고, 복잡한 문제들을 비판적 창의적으로 생각하며, 불확실성과 변화의 소용돌이에서 목표를 달성하는 의사결정effective decision을 내리는 능력은 오늘날 급진적으로 진화하고 있는 글로벌 비즈니스 환경에서 매우 중요하다.

　최근에는 테크, 세계화, 정치적 경제적 불안정 속에서 일어나는 여러 가지 변화로 전략적 사고가 한층 중요해졌다. 기술 변화의 급진적 속도는 통상 전통적 기업의 위협 요소였다. 그러나 새롭게 떠오르는 기술을 활용하는 것은 전략적으로 사고하는 이들에게는 비즈니스 기회였다. 세계는 더 상호 연결되며 상호 의존적이 되었고, 각 기업의 리더는 기업 운영과 시장에 대해 폭넓고 글로벌하게 사고해야만 하는 시대가 도래했다. 과거보다 불안해진 정치적 경제적 여건으로 시장의 불확실성과 변동성이 커지며, 미래를 예측하고 계획하는 일이 나날이 어려워지고 있다.

이러한 맥락에서 전략적 사고는 그 중요성이 커지고 있다. 전략적 사고를 하는 리더는 여러 도전에 흔쾌히 대응할 수 있고, 그 도전에 숨은 기회를 효과적으로 활용할 수 있다. 이 책은 각계각층의 리더들에게 다양한 통찰과 문제 해결 도구를 제공하는 전략적 사고의 포괄적이고 실용적인 안내서다.

전략적 사고의 필요조건에 큰 변화는 없겠지만, 인공지능AI의 발달로 기업 리더들의 전략적 사고에 큰 변화가 찾아왔다. 앞으로 변화는 심화할 것이다. 빅데이터로 패턴을 판별해 예측 능력을 가진 AI의 도움으로 기업 리더들은 과거에는 얻지 못한 비전과 시각을 가질 것이다. 그러면 방대한 정보에 기초해 더 정확하고 더 효과적으로 미래를 예상하고 계획할 것이다. 또 컨설턴트가 수행하는 전략적 자문 역할에도 상당한 파장이 찾아올 것이다.

장차 기업 리더와 AI 전략 지원 시스템의 결합은 인간과 AI가 협력해 의사결정, 문제 해결, 전략 개발 방식을 개선해나가며 공생 관계를 강화할 것이다. AI 시스템이 제공하는 실시간 데이터, 분석, 통찰로 우리는 더 나은 의사결정을 하고 목표를 달성하는 전략을 수립할 것이다. AI는 대량의 데이터를 분석하고, 패턴과 트렌드를 파악하고 예측하며, 기업 리더들이 위험을 식별하고 완화하는 데 도움을 줄 것이다. 또한 다양한 상황 시뮬레이션으로 다양한 문제 해결 방안과 의견을 제시할 것이다.

AI와 공생 관계를 맺은 리더들은 AI에 정확한 질문을 던지고, AI의 조언과 통찰을 해석해나갈 것이다. 늘 그래왔듯, 리더들은 조직원들에게 비즈니스 잠재력을 극대화할 콘텍스트를 제공하고 창의적 활동을 독려할 것이다. 결정적으로 리더들은 AI와의 협업에서 얻은 결과를 조정해 실행하는 정서 지능emotional intelligence과 정치적 감각을 가질 것이다.

AI 기술력이 폭발적으로 성장함에 따라 기업 리더들도 AI를 활용하는 새로운 능력이 필요하다. AI 기술과 AI가 생성하는 데이터를 이해하고, AI가 제공하는 통찰을 해석하고 분석하며, 이에 근거해 의사결정을 내려야 한다. 또한 자신들이 사용하는 AI 시스템이 미칠 윤리적 사회적 파장도 인지해야 한다.

이 책을 읽으며 기억할 것은 여섯 가지 전략적 사고 훈련의 중요성은 여전히 유효하고, 장차 그 중요성이 커질 거라는 점이다. 만약 당신이 이끄는 조직에 업무 향상에 특화된 AI 시스템이 있다면, 이 책에 담긴 생각, 개념, 도구를 어떻게 적용할지 읽는 내내 상상해보기 바란다.

전략적 사고의 힘

진 우즈Gene Woods가 2016년 캐롤라이나스 헬스케어 시스템Carolinas HealthCare System, CHS 최고경영자로 부임했을 당시 CHS는 연 매출 80억 달러에 직원이 6만 명에 달하는 노스캐롤라이나주의 유명한 종합병원 네트워크였다. 우즈는 화려한 성공 이력이 있는 노련한 최고경영자였다. CHS도 훌륭한 수익률, AA 등급의 재무제표, 풍부한 경험과 지식을 겸비한 의료진, 오랫동안 조직을 이끈 경영진을 자랑했다. 표면적으로는 성공 가도를 달리는 조직처럼 보였지만, 안타깝게도 저 멀리서 먹구름이 몰려오고 있었다.

미국 의료업계에는 지각변동이 일고 있었다. 업계 최고 종합병원들조차 비용이 매출을 빠르게 앞지르고 있었다. 정치적 혼란으로 의료 관련 법규가 어떻게 변할지 불확실성이 커졌고, 사모펀드들은 의료시장에 뛰어드는 수많은 신규 기업에 자금을 대고 있었다. CHS 이사회는 우즈를 기용해 미래를 대비할 참이었다. 이 책을 집필하는 과정에서 장시간 인터뷰를 허락해준 우즈는 이렇게 말했다. "과거의 경영 방식으로 큰 성공을 거두고 있던 조직을 물려받았죠. 다른 사람들의 눈에는 성공이 보였지만, 제 눈에는 엄청난 취약성이 보였습니다."

미국 의료업계는 통합의 물결이 거셌고, 우즈는 그 추세가 한동안 지속할 것으로 전망했다. 당장은 위험하지 않았지만, CHS는 당시 경영 방식으로는 생존할 수 없었다. 우즈가 취임했을 당시, 병원은 인근 종합병원들과 경영 서비스 협약을 맺고 있었다. 일정 금액을 받고 지역 종합병원들의 경영을 돕는 방식이었는데, 안타깝게도 통합의 정도가 너무 느슨했다. 우즈는 그런 관계로는 최고의 경영 노하우를 공유할 수 없고, 규모의 경제도 이룰 수 없을 거라 생각했다. 앞으로 닥칠 위기를 헤쳐나가려면 획기적인 통합이 필요했다.

병원은 중대한 전환기를 맞고 있었다. 우즈는 설명했다. "우리가 과연 느슨한 제휴 관계를 끌고 갈 여력이 있을지 고민했습니다. 곧 어려운 결단을 내려야 했습니다. 핵심 사업은 기반이 튼튼했고 해당 시장도 성장하고 있었지만, 업계의 잦은 통합을 지켜보며 몇 년 안에 여러 대형 종합병원 체인들이 치고 들어오리라 예상했습니다. 통합을 주도해야 했습니다. 끌어모

으지 않으면 끌어당겨질 게 분명했습니다."

그러한 통찰이 우즈가 말하는 '차세대 네트워크 전략next-generation network strategy' 개발의 촉매가 되었다. 공통 목표와 단일한 조직문화로 긴밀하게 통합된 병원 네트워크를 구축해, 모범 의료 노하우를 공유하고 병원 간 상호보완적 역량과 규모의 이점을 활용하면 충분히 경쟁력이 생긴다는 우즈의 비전이 담긴 전략이었다.

우즈는 비전을 실현할 토대를 닦기 위해 의료기관 최고경영자들, 지역사회, 지역 정부 인사들과 유대를 쌓았다. 동시에 새로운 제휴 모델을 개발하고, 그 모델을 뒷받침할 유연한 조직문화를 만드는 혁신 프로그램 개발에도 착수했다.

"그때까지만 해도 CHS의 조직문화는 '관리는 위에서 할 테니 하라는 대로 하세요'의 하향식 조직문화의 전형이었습니다. 그런 조직문화로는 목표를 이룰 수 없었죠. 새로 도입한 제휴 모델을 착실하게 실행하려면 조직이 변해야 했습니다."

5년 뒤 2021년 말, CHS는 아트리움 헬스Atrium Health로 이름을 바꾸고, 노스캐롤라이나주를 넘어 사우스캐롤라이나주, 조지아주, 버지니아주까지 세력을 확장하며 막강한 의료 네트워크로 부상했다. 인근 의료 업체와 제휴해 연 매출은 120억 달러로 늘었고, 직원 수도 1만 7,000명 늘어 총 7만 7,000명에 이르렀다. 새로운 경영진을 채용하고, 수평적이고 성과가 높은 조직문화를 갖추어, 또 다른 성장을 준비했다. 유명 학술 의료 업체인 웨이크 포레스트 뱁티스트 헬스Wake Forest Baptist Health 와 합병해 아트리움 헬스가 보유한 세계적 수준의 우수한 임상 성과에 힘을 더했다. 우즈는 전국적으로 인정받는 업계 리더가 되어 새로운 의료 서비스 모델 개발을 주도할 만반의 준비를 마쳤다. 하지만 그는 만족하지 않았다.

2022년 5월, 우즈와 위스콘신주, 일리노이주에서 운영되던 대형 비영리 기업 에드버케이트 오로라 헬스Advocate Aurora Health의 최고경영자 짐 스콕스버그Jim Skogsbergh는 우즈와 합병 계획을 발표하며 미국 의료계를 충격에 빠트렸다.[1] 2022년 후반, 연방거래위원회와 주 정부의 승인을 받아 에드버케이트 헬스Advocate Health가 탄생했다. 직원 15만 8,000명, 매출 270억 달러, 67개 병원, 임상 서비스를 제공하는 1,000개 이상의 센터를 갖춘 미국 5대 비영리 의료 업체가 되었다. 우즈와 스콕스버그가 공동 최고경영자로 취임했고, 18개월 후 스콕스버그가 은퇴하면서 우즈가 단독으로 조직을 이끌었다.

우즈는 작은 규모의 지역 의료 업체를 전국구 의료 업체로 키워냈고, 전략적 사고의 힘을 구체적으로 보여주었다. 조직을 이끌고 싶다면 우즈처럼 전략적 사고를 쓰는 사람이 되어야 한다. 실력으로 승승장구할 수 있지만, 최정상에 올라서면 전략적 사고 없이 실력만으로 성공할 수 없다. 전략적 사고를 못 하는 리더의 기업은 전략적 사고를 하는 리더의 기업에 밀릴 수밖에 없고, 결국 타 기업에 인수되거나 서서히 업계에서 사라지고 만다. 기업의 이사회는 기업이 암초로 뒤덮인 바다를 헤쳐나갈 수 있도록 항로를 정하는, 즉 강력한 전략적 사고 역량이 있는 사람을 기용한다. 오늘날 모든 기업이 직면한 현실이 그만큼 녹록지 않기 때문이다.

2013년, 의료기관의 경영 전략 수립과 운영 개선을 위한 컨설팅을 제공하는 매니지먼트 리서치 그룹Management Research Group은 26개 산업에 걸쳐 140개국 6만 명의 관리자와 임원을 대상으로 설문 조사했다. 조사 결과, (비판적 분석력과 선제적 사고를 통한 계획 수립 능력으로 정의되는) 전략적 사고 능력이 뛰어난 응답자가 동료들에게 목표를 달성하는 리더로 인식될 가능성이 6배 높은 것으로 나타났다. 또한 그런 사람이 조직에서 성공 가도를 달릴 가능성이 크다고 조직원들이 인식할 확률도 4배 더 높았다.[2] 컨설팅 기업 젠거 포크만Zenger Folkman이 2021년 발표한 조사 결과도 이 사실을 뒷받침한다. 세 차례에 걸친 개별 조사를 통해 '전략적 시각'과 고위직 승진 간의 강력한 상관관계가 증명되었다.[3]

결론은 명확하다. 전략적 사고가 정상에 빠르게 오르는 비법이라는 것이다. 이 글을 읽는 당신이 전략적 사고 능력이 부족하다고 좌절할 필요는 없다. 전략적 사고는 배워서 키워나갈 수 있는 능력이다. 물론 우즈처럼 선천적인 리더도 있지만, 그 역시 조직을 미래로 이끌 역량을 개발하기 위해 열심히 노력한다. 그들의 훈련법을 이 책에 담았다. 당신의 타고난 전략적 사고 능력의 현주소를 파악하고, 경험과 훈련을 통해 그 능력을 키워가는 법을 알려주는 것이 이 책의 목표다.

전략적 사고란?

'전략적 사고'를 정의하려고 여러 차례 노력했지만, 마땅한 정의를 찾기 어려웠다. 사실 전략적 사고의 명확한 정의가 없는 게 현실이다. 50명 이상의 고위 임원들, 인사 담당자, 기업 교육 전문가에게 전략적 사고를 정의해달라고 부탁했지만, "말로 설명하기는 힘들지만 보면 압니다." 정도로 모호한 대답만 들을 수 있었다. 전략적 사고가 고위 간부를 차별화하는 핵심 역량이라는 것을 모두 인정했지만, 그 능력을 정의하는 데는 말끝을 흐렸다. '많은 정보를 흡수해 중요한 것과 그렇지 않은 것을 분별하는 능력', '결정을 내리고 그 결정에 대한 시장의 반응을 이해하는 능력', '미래를 내다보는 능력'이라고 정의하는 리더들도 있었다. 전략적 사고에 대한 공통적인 관점은 있었지만, 모든 답을 포괄할 개념적 정의를 내리는 이는 없었다.

전략적 사고를 정확하게 정의 내릴 수 없다면, 그 능력을 평가하고 개발하기 힘들다. 전략적 사고 능력에 포함되는 특정 요소들을 분리해 평가하거나 개발하는 방법이 만들어질 뿐이다. 나는 업계 리더들을 진지하게 인터뷰하는 과정에서 드러난 그들의 공통점을 발견했다. 그들의 통찰을 응축해 전략적 사고를 다음과 같이 정의했다.

전략적 사고는 리더가 잠재적 위협과 기회를 인지해 우선순위를 정하고, 자신과 자신이 이끄는 조직을 동원해 미래로 진일보할 유망한 방향을 구상하고 실행하는 데 사용하는 일련의 정신 훈련이다.

한마디로 전략적 사고는 현재를 뛰어넘어 여러 가지 가능한 미래 시나리오를 비판적 창의적으로 생각하는 능력이다. 그렇게 상상한 미래 시나리오에 담긴 위험과 기회를 평가할 때, 조직을 성장시킬 성공 전략을 세울 수 있다.

전략적 사고를 하는 리더로 인정받으려면 능력만으로는 부족하다. **기회**를 잡아야 한다. 전략적 사고 능력을 펼칠 뛰어난 잠재력이 있더라도 조직이 빛을 발할 기회를 주지 않는다면 결코 인정받을 수 없다. 고위 직책자 대부분이 가져야 할 능력은 분석력, 문제 해결력, 실행력이다. 전략적 사고 능력을 보여줄 역할을 따는 일은 매우 정치적일 때가 많다. 전략가들은 전략적으로 행동할 때를 잘 포착한다. 하지만 전략적으로 사고하는 인재를 발굴하고 키워가는 데 우연과 정치에 기대면 너무 큰 위험이 따른다.

전략적 사고와 비판적 사고

비판적 사고critical thinking는 전략적 사고의 필수 요소지만, 비판
적 사고만으로 전략적 사고를 할 수는 없다. 비판적 사고는 정
보와 주장을 논리적이고 체계적으로 평가하는 능력이다. 정보
를 모아 평가하고, 가설과 편견을 솎아 주장의 강점과 약점을
평가하는 일이다. 이 책 전반에서 다루겠지만, 전략적 사고에
는 예측, 창의성, 비전, 목표 설정, 실행이 포함된다. 전략적 사
고를 하려면 비판적으로 사고하는 것은 물론, 미래를 예상하
고 계획하며, 복잡한 문제들을 창의적으로 사고해 불확실하고
변화무쌍한 환경에서도 목적을 달성하는 결정을 내릴 줄 알아
야 한다.

전략적 사고와 창의적 사고

창의적 사고creative thinking는 새롭고 혁신적인 아이디어를 내는 능력이다. 창의적 사고는 정형화된 틀에서 벗어나, 가설에 의문을 제기하고 현상에 도전한다. 전략적 결정에 도움이 될 새로운 아이디어와 관점을 제시하는 사고로, 전략적 사고의 또 다른 중요 요소다. 오늘날 급변하는 기업 환경에서 창의적 사고 능력은 경쟁에서 앞서가고자 하는 리더에게 그 어느 때보다 중요한 자질이다. 톰 켈리Tom Kelley와 데이비드 켈리David Kelly 형제는《유쾌한 크리에이티브》에서 어떻게 모든 사람이 더 창의적으로 될 수 있는지를 보여주고, 창의적 사고 능력을 개발할 수 있는 구체적인 방법도 제시한다.[4] 전략적 사고 능력을 고양하는 효과적인 수단인 창의적 사고 능력을 개발하면 미래의 동향을 더 잘 예상할 수 있고, 그 동향을 활용해 창의적인 해법을 만들 수 있다.

전략적 사고와 디자인 씽킹

전략적 사고와 디자인 씽킹design thinking은 모두 문제를 해결하는 방법이지만 중요한 차이가 있다. 전략적 사고는 조직의 현주소와 환경을 분석해 도전과 기회를 파악하고, 조직의 목표를 달성하기 위한 행동계획을 수립하는 일이다. 반면 디자인 씽킹은 고객의 욕구를 이해하고, 그 욕구를 충족할 해법을 개발하는 창의적 과정이다. 나이절 크로스Nigel Cross가《디자이너의 일과 생각》에서 정리한 것처럼, 디자인 씽킹은 최종 구매자 관점에서 문제를 정의해 아이디어를 내고 해법의 기본 틀을 잡은 후, 그 해법이 작동하는지를 시험하는 일이다.[5] 전략적 사고가 조직의 장기 목표 달성과 목표를 달성하는 의사결정에 중점을 둔다면, 디자인 씽킹은 고객 만족을 실현하는 획기적 해법을 찾는 데 주력한다.

전략적 사고와 상황 인지

마지막으로 강력한 전략적 사고를 하려면 조직의 환경을 자세히 이해해야 한다. 다시 말해, 조직문화, 조직구조, 조직이 보유한 자원 등 조직 내부환경에 대한 깊은 통찰이 필요하다. 그러면 조직의 강점과 약점을 파악해 조직 역량에 부합하는 전략을 개발할 수 있다. 또한 조직에 영향을 미치는 정치, 경제, 사회, 기술 요인과 같은 외부 환경도 이해해야 한다. 그래야 변화를 예상하고, 그에 따른 계획을 수립하며, 새로운 성장 잠재력을 간파할 수 있다.

이외에도 고객, 주주, 직원, 규제 당국 등 다양한 이해당사자의 기대와 욕구에 대한 깊은 이해가 필요하다. 그 이해를 기반에 두고 이해당사자들의 욕구를 예상해, 그들의 기대에 일치하는 전략을 수립한다.

조직이 처한 환경을 인지하면 더 효과적으로 미래를 계획할 수 있다. 성장 기회를 더 잘 포착하고, 결과적으로 조직이 운영되는 특정 생태계에 안성맞춤인 전략을 세울 수 있다. 조직과 조직을 둘러싼 더 큰 외부 환경의 정보를 흡수하고 종합할 시간을 확보하자.

전략적 사고가 왜 중요할까?

전략적 사고는 기업의 미래가 전도유망하고 안정적이고 예측 가능하다면 굳이 사용할 필요가 없다. 하지만 그런 현실은 없다. 어느 때보다 경쟁은 치열하고 작은 실수가 치명적인 결과로 이어지는 것이 오늘날의 비즈니스 생태계다. 성공을 낳거나 성공을 이어갈 최적의 전략을 짜는 일이 어렵기만 하고, 리더들은 나날이 거칠고 사나워지는 비즈니스 환경에서 조직을 이끌어야 한다. 조금의 빈틈도 용납하지 않는 도전적인 환경이 바로 전략적 사고를 중요하게 만드는 이유다.

현실을 제대로 이해하는 데 아트리움 헬스의 수장인 우즈와 같은 리더들의 머릿속이 어떻게 작동하는지를 살펴보면 도움이 된다. 구체적으로 오늘날 리더들이 마주한 네 가지 난제는 변동성volatility, 불확실성uncertainty, 복잡성complexity, 모호성ambiguity이다. (1980년대 중반 워런 베니스Warren Bennis와 버튼 나누스Burton Nanus가 VUCA를 창안했는데, 미 육군이 채택했고 리더십에 관한

연구에도 광범위하게 사용되었다.)**⁶**

VUCA는 기억하기 쉬운 머리글자지만, 나는 단어의 순서를 바꿔 복잡성을 제일 앞으로 옮겨 CUVA로 만들어야 한다고 생각한다. 복잡성, 불확실성, 변동성, 모호성은 서로 밀접한 관계를 이룬다. 어느 한 요소를 공략하면 나머지 다른 요소를 이해하고 해결하는 데 도움이 된다. 그중 복잡성은 대개 리더가 직면한 난제의 핵심이다. 조직과 조직이 처한 환경의 복잡성을 이해한다면 주요 불확실한 문제들을 예상하고 이해할 수 있으며, 변동성에 대응하고 모호함이 일으키는 문제를 해결할 수 있다.

- **복잡성**이란 (예를 들어, 신상품 개발과 같은) 분야마다 상호 연관된 변수가 많아 인간의 제한적인 인지 능력으로는 상황을 이해하기 어렵다는 의미다. 직원 수가 수만 명에 달하고, 수백 개의 시설에서 수많은 기술과 수십 개의 프로세스로 수천 명의 환자에게 의료 서비스를 제공하는 조직의 복잡성 수준은 당연히 높을 수밖에 없다. 결국 리더들은 변화를 타당하게 예측하고, 조직을 이해하는 '멘탈 모델mental model'을 세우고 유지하는 일이 버거워진다. **반면, 전략적 사고를 하는 리더는 조직과 업계를 둘러싼 외부 환경을 정확히 이해하고, 정말 중요한 것에 집중해 복잡성을 헤쳐나간다.**

- **불확실성**은 명확한 잠재적 결과를 염두에 두고 상황을 개선하지만, 구체적으로 어떤 일이 일어날지 예측할 수 없는 경우다. 아무리 많은 정보를 끌어모으더라도 불확실성은 떨쳐버릴 수 없다. 결과에 영향을 미칠 수많은 미세 요인 때문이다. 미국 의료계의 경우, 업계에 큰 영향을 미치는 정부 규제가 연방 선거와 주 선거 결과에 따라 크게 달라진다. **전략적 사고자는 불확실성의 발생 확률을 고려하고, 실제 불확실성의 문제가 발생한 상황이 시사하는 바를 탐구한다.**

- **변동성**은 유가처럼 중요한 지표가 급격히 변화하는 때를 말한다. 전개되는 상황을 판단하고, 그에 따른 변화에 대응하기 버거워지는 때다. 의료산업의 경우, 가장 수익성이 좋은 사업에 신규 경쟁자가 난데없이 등장해 기존 사업 모델을 구식으로 만들 수도 있다. 여기에 기술 혁신이 급속한 속도로 가세해 적절한 대응을 가늠하기 어렵게 한다. **전략적 사고를 한다면 새롭게 떠오르는 위협과 기회를 재빨리 감지하고 대응할 수 있다.**

- **모호성**은 집중할 문제에 대한 의견이 다양할 때 발생한다. 특정 해법이 가져올 결과에 상반된 입장이 존재할 수도 있다. 그 결과, 이해당사자들 간에 무엇이 '올바른가'에 대한 의견 차이가 생긴다. 예컨대 미국 의료 업계는 비용 절감과 재무 건전성 확보, 의료비 부담 경감의 압박을 받고 있다. 저렴한 의료비는 환자 입장에서는 환영할 일이지만, 적은 자원으로 더 많은

일을 해야 하는 병원 관리자들에게는 어려운 결정을 의미한다. **전략적 사고를 하면 다양한 이해관계와 관점 사이에서 절충안을 찾아 문제 해결과 합의를 끌어내는 공통 '기준'을 만들 수 있다.**

오늘날 CUVA에 노출되지 않은 업계는 없다. 조직을 이끄는 리더들이 올바른 방향을 설정하는 데 대부분 어려움을 겪고 있다. 여기에 테크, 사회, 환경 변화도 빨라지고 있다. 전략적 사고의 가치가 커지고 있다는 뜻이다.

> **자기 점검**
> 당신과 당신이 속한 조직은 복잡성, 불확실성, 변동성, 모호성에
> 어느 정도 노출되어 있는가? CUVA 중 어느 요소가 가장 큰
> 어려움을 초래할 것이라 예상하는가?

전략적 사고가 아닌 것은?

전략적 사고를 올바르게 정의하면, 전략적 사고가 아닌 것을 명확히 구분할 수 있다. 대개 '전략적'에 집중하고 '사고'는 외면하는 경향이 있다.

전략적 사고는 경쟁 분석competitive analysis이 아니다. 예를 들어, 특정 산업 내 경쟁사를 분석하는 마이클 포터Michael Porter의

산업구조 분석[7] 모델이 경쟁 분석이다. 그 모델의 목적은 모델을 조직에 적용해 무엇이 중요하고, 무엇을 할지에 관한 비전을 얻기 위한 것이다. '경쟁 분석'은 전략적 사고에 필수적인 정보를 제공한다.

전략적 사고는 전략 기획strategic planning**도 아니다.** 전략 기획은 무엇을 하고 하지 않을지를 선택하고, 자원 배분을 통해 기업 활동을 지원하고, 정해진 전략에 맞는 의사결정 기준을 만드는 등 전략을 구체화할 때 사용하는 프로세스다. **전략적 사고로 전략 기획을 확정하고 강화할 수 있다.**

경쟁 분석과 전략 기획이 중요하지만(이와 관련한 서적, 자료, 프로그램들도 많다), 전략적 사고와는 다르다. 경쟁 분석과 기획은 연역적이고 분석적인 반면, 전략적 사고는 귀납적이고 종합적이다. 또한 경쟁 분석과 전략 기획이 조직 차원에서 이루어지는 집단적 프로세스라면, 전략적 사고는 실행 가능한 통찰과 전도유망한 전략을 낳는 리더 개인의 정확한 사고 능력에 더 의존한다.

전략적 사고는 선천적 능력인가, 후천적 능력인가?

인간이 가진 대부분의 뛰어난 능력처럼 답은 '둘 다'다. 타고난 능력, 즉 소위 **재능** 탓에 전략적 사고의 잠재력이 꺾일 수 있다. 이전에 언급한 것처럼, 목표를 달성하는 전략적 사고는 단순한 분석 능력 이상을 말한다. 정서 지능, 창의성, 효과적으로 협업하고 소통하는 능력 또한 주요 요소다. 자기 감정은 물론 타인의 감정도 잘 이해하고 수렴하며, 창의적으로 새로운 아이디어를 창출해 여러 이해당사자와 의사소통할 수 있다면, 전략적 사고를 구사하는 리더라고 할 수 있다.

재능과 별개로 전략적 사고의 잠재력 발현에 필요한 것은 밀도 높은 경험과 규율 잡힌 훈련이다. 흡사 마라톤 선수가 되겠다고 마음을 먹는 것과 같다. 지구력을 높이는 근력과 남다른 심폐력을 유전적으로 가지고 있다면 훌륭한 마라톤 선수가 될 수 있다.[8] 하지만 '수많은' 훈련을 하지 않고 테크닉 연습을 게을리하면, 타고난 재능은 부족하더라도 엄격한 훈련을 밟아온 누군가에게 지고 말 것이다.

엄청나게 운이 좋아 전략적 사고를 타고났을 수도 있다. 업계 최고의 리더가 되는 데 필요한 천부적인 분석 능력, 정서 지능, 창의적 잠재력을 타고났을 수도 있다. 하지만 대개 그렇지 못하다. 그렇다고 낙심할 필요 없다. 전략적 사고란 훈련으로 완성되는 능력이다. 타고난 재능이 있다면 좋겠지만 전략적 사고는 학습을 통해 키워갈 수 있다. 단지 그 키워나갈 방법을 아는 것과 그 방법을 고수하겠다는 의지와 몰입이 중요할 뿐이다.

다음의 공식이 전략적 사고 역량strategic-thinking capacity, STC이

무엇인지를 명확히 보여준다.

전략적 사고 역량 = 재능 + 경험 + 훈련

재능은 유전과 양육 환경에서 비롯된 타고난 능력이다. **경험**은 전략적 사고 능력을 키우는 상황에 참여하며 쌓인다. **훈련**은 전략적 사고 근육을 단련하는 정신 수양이다.

리더 대다수는 경험 측면에서 어려움을 겪는데, 자신의 잠재력을 보여주고 개발할 기회를 얻지 못하기 때문이다. 달리 말하면, 새로운 도전과 책임을 능동적으로 찾아다녀야 한다는 뜻이다. 이는 새로운 프로젝트를 맡거나 여러 부서로 구성된 팀을 이끌거나, 전략적 사고가 더 필요한 새로운 역할을 맡을 기회를 탐색해보기를 권한다. 새로운 과제를 맡아 새롭고 다양한 경험에 노출되면 시야가 넓어지고 전략적 사고 능력이 향상된다.

훈련의 경우, 이 책을 통해 전략적 사고 능력을 키우기 바란다. 책을 마무리하며 이 제안의 의미를 요약하겠다.

전략적 사고와 인성

전략적 사고의 뿌리는 인지 능력과 정서 지능이지만, 인성도 중요한 역할을 한다. 특히 유능한 전략적 사고자를 만드는 세

가지 필수적 인성 조건이 있다. 먼저 새로운 경험에 열려 있어야 한다. 훌륭한 전략적 사고자는 변화하는 환경에 맞춰 새로운 정보를 흡수해 나름의 방식으로 재평가한다. 둘째, 변화하는 상황에 대응하는 데 그치지 않고, 미래를 예상하고 능동적으로 조직의 미래를 설계할 수 있다는 확고한 자신감이다. 마지막은 승리하고야 말겠다는 추진력이다. 야망은 훌륭한 전략적 사고자에게 꼭 필요한 자질이다.

여섯 가지 전략적 사고 훈련법

이 책의 바탕에는 누구나 전략적 사고 능력을 향상할 수 있다는 믿음과 그런 믿음을 뒷받침하는 이론과 실무 경험이 있다. 적절한 경험과 훈련으로 전략적 사고력을 크게 향상할 수 있다. 그러면 조직에서 정상에 오르고, 조직을 미래로 이끄는 데 도움이 될 것이다.

여섯 장에 걸쳐 전략적 사고에 꼭 필요한 여섯 가지 정신 훈련법을 자세히 설명할 것이다. 여섯 가지 훈련을 마친 후에 당신은 새롭게 떠오르는 도전과 기회를 알아보게 될 것이다. 정말 중요한 것에 우선순위를 두고 능동적으로 대처하는 조직을 만들게 될 것이다.

전반부의 세 가지 훈련은 조직이 마주하고 있는 도전과 기회를 **인지하고 우선순위를 정하는 능력**의 토대다.

- **첫 번째 훈련 : 패턴 인지**

  복잡하고 불확실하며 변화무쌍하고 모호한 것, 즉 CUVA를 관찰해 무엇이 중요한지를 빠르게 헤아리고, 결정적인 위협과 기회를 판별하는 능력

- **두 번째 훈련 : 시스템 분석**

  수많은 요인이 상호연관된 시스템인 멘탈 모델을 잡고, 이를 활용해 패턴을 인식하고, 미래를 예측하고, 최적의 결과를 끌어내는 전략 개발 능력

- **세 번째 훈련 : 지적 민첩성**

  다양한 분석을 통해 조직이 당면한 도전을 탐색하고, 이해당사자들이 그들의 과제를 수행하며 보일 행동과 반응을 예측하는 능력

나머지 세 가지 훈련은 도전과 기회를 포착하고 효과적으로 대응하는 데 필요하다. 조직을 **집결**하는 능력 개발 훈련이다.

- **네 번째 훈련 : 체계적 문제 해결**

  문제를 명확히 바라보고, 조직을 이끌며 창의적인 해법을 개발하고, 가장 효과적인 방법으로 선택하는 능력

- **다섯 번째 훈련 : 비전**

  원대하고 성취 가능한 잠재적 미래를 상상하고, 이를 실현하기 위해 조직에 활력을 불어넣는 능력

- **여섯 번째 훈련 : 정치적 수완**

  조직에서 영향력이 어떻게 행사되는지를 이해하고, 주요 이해 당사자와 동맹하는 능력

이 여섯 가지 훈련을 차례대로 살펴보며, 어떻게 해당 능력을 개발할지 자세히 다룰 것이다. 결론에 더 강력한 전략적 사고자가 되기 위한 팁을 정리했다.

AI와 전략적 사고의 미래

AI의 발달은 인간의 전략적 사고 능력을 지속해서 증강, 증폭시킬 것이다. 방대한 비즈니스 지식을 기반으로, 대화형 자연어 인터페이스를 통해 학습하는 머신 러닝machine learning 시스템은 리더들이 전략적 사고 과정에 참여하는 방식을 혁신적으로 바꾸고 있다. AI는 다량의 정보를 처리해 패턴을 인식하고 예측한다. AI의 도움으로 리더들은 이전에는 얻을 수 없던 통찰과 새로운 관점을 얻을 수 있다.

리더들은 의사결정, 문제 해결, 전략 개발 능력을 높이기 위

해 AI 시스템과 공생 관계를 이어가고 있다. AI를 통해 다양한 미래 시나리오를 그려보고, 전략적 대안과 권고안을 얻을 수 있을 뿐만 아니라, 실시간으로 데이터를 분석하며 통찰을 얻을 수 있다.

적어도 아직은, 전략적 사고 훈련으로 발전시킬 수 있는 여섯 가지 능력이 AI보다 (당신과 같은!) 기업 리더들이 앞설 수 있는 핵심 역량이다. 인간과 AI가 공존하는 세상에서 리더들은 정확히 질문하고, AI가 제공하는 통찰과 권고 사항을 해석하는 데 이 여섯 가지 역량을 활용할 것이다. 당신을 포함한 많은 리더가 비즈니스 전략을 조정하고, 다시 실행하며, 조직에 시의적절한 콘텍스트를 제공하고, 조직원들의 창의성을 독려하며, 정서 지능과 정치적 수완을 성장시켜 나아갈 것이다.

더 읽을책

— 톰 켈리·데이비드 켈리, 《유쾌한 크리에이티브》, 박종성 옮김, 청림출판, 2014.

— 나이절 크로스, 《디자이너의 일과 생각》, 박성은 옮김, 안그라픽스, 2020.

1장

패턴 인식 훈련

　　패턴 인식pattern recognition은 세상 일의 규칙이나 흐름을 파악해 감지하는 능력이다. 패턴 인식은 인간의 가장 기본적인 인지 능력으로, 끊임없이 쏟아져 나오는 무수한 정보를 '이해'하게 한다. 패턴 인식은 인지, 집중, 기억, 추론과 같은 다양한 인지 기능을 요구하는 복잡하고 동적인 지적 과정이다. 익숙한 사물과 이미지를 알아보고, 세계를 예측하고 추론하며, 경험을 통해 배우는 것도 패턴 인식 덕분이다.

　경영에서 패턴 인식은 조직이 마주한 복잡성, 불확실성, 변동성, 모호함을 간파하고, 그중 무엇이 중요한지를 구분하는 능력이다. 소비자 행동, 재무, 시장 조사 등 다양한 전문 분야에서 전략적 사고를 하는 사람들은 인과관계를 식별하는 강력한 멘탈 모델을 갖고 있다.

패턴 인식 능력은 경영상의 어려움과 떠오르는 기회를 감지하는 데 큰 도움이 된다. 위협은 제거하고 기회는 활용해 가치를 창출한다. 혹은 이 두 가지 방법을 적절히 배합해 가치파괴 value destruction를 막으며 우선순위를 정하고, 조직을 집결해 선제적으로 대응하게 한다.

전략적 사고란 〈그림 1〉처럼 도전과 기회를 포착하고, 도전

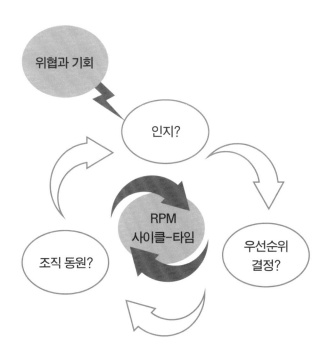

그림 1   인지-우선순위 결정-조직 동원 사이클(RPM 사이클)

과 기회를 '인지하고recognize', '우선순위를 정하고prioritize', 조직의 역량을 '동원하는mobilize' 순환, 즉 인지-우선순위-조직 동원 사이클(RPM 사이클)이다. 문제를 인지하면 우선순위를 정할 수 있고, 조직의 역량을 동원해 문제를 해결할 수 있다. RPM 사이클을 밟아 재빠르게 대응하면 당신과 당신이 이끄는 조직은 경쟁에서 앞서나갈 수밖에 없다.

서론에서 설명한 것처럼, 진 우즈의 RPM 능력은 탁월하다. 2016년 캐롤라이나스 헬스케어 시스템 최고경영자로 부임한 우즈는 수익성 악화, 불확실한 법규, 신규 민영 병원의 시장 진입 등의 요인으로 미국 의료업계에 곧 인수합병이 대폭 증가하리라 예상했다. 이러한 패턴을 감지한 우즈는 머지않아 합병이 대세가 되리라는 결론에 다다랐다.

우즈는 다른 병원 최고경영자들도 이러한 동향은 인지하고 있지만, 특별한 인수 계획이나 목표가 없다는 것을 빨리 깨달았다. "모두 당장 급한 문제들을 해결하느라 급급했습니다. 대개 고개를 파묻고 발등의 불을 끌 때, 저는 새로운 가능성을 보았습니다." 우즈는 재빨리 기회를 찾아 병원의 미래를 대비한 희망찬 계획을 세웠다. 2018년 CHS는 조지아주 소재 나비센트 헬스와 합병했고, 합병된 법인은 아트리움 헬스라는 이름으로 재탄생했다. 사업체가 커진 이후에도 몇 차례 인수 합병을 이어갔고, 2022년에는 또 다른 종합병원과 합병하면서 미국 내 다섯 번째 규모의 비영리 의료기관으로 부상했다.

패턴 인식이 왜 그렇게 중요한가?

도전과 기회를 인지하지 못하면 우선순위를 매길 수도, 조직을 도전과 기회에 맞게 배치할 수도 없다. 당신도 다른 리더들처럼 새로운 기술이 나날이 등장하는 경쟁 사회에서 조직을 이끌고 있을 것이다. 실적 개선과 조직 혁신의 부담도 그 어느 때보다 클 것이다. 머릿속도 한층 더 복잡할 것이다. 빠른 변화를 파악하고, 그 변화의 향방을 예측하고, 전략을 수정하는 능력이 그 어느 때보다 중요하다.

이때 가장 유용한 능력이 패턴 인식이고, 비전은 힘이다. 복잡하고 빠르게 변해가는 환경의 패턴을 간파할 수 있다면, 경쟁자보다 더 효과적으로 문제를 해결할 수 있다.

> **자기 점검**
> 패턴 인식이 당신의 일과에 어느 정도 중요한가?
> 당신에게는 어떤 패턴이 가장 중요하고, 그런 패턴 파악을 얼마나 잘하고 있다고 생각하는가?

체스나 바둑처럼 전략적으로 싸우는 게임은 패턴 인식이 승리와 직결된다. 평범한 바둑인과 바둑 고수를 나누는 기준이 뭘까? 답은 체스판이나 바둑판의 패턴을 인지하고, 한 수 한

수의 의미를 이해하는 그 특별한 능력이다.《체스 패턴 인식 훈련》에서 저자 아서 반 더 오우더베터링Arthur van de Oudeweet-ering은 강조했다. "체스를 잘 두려면 패턴을 볼 줄 알아야 합니다. 체스판에 놓인 말이 언제 한번 봤던 패턴이라는 걸 알아챈 순간, 그 말이 놓인 자리의 의미를 정확히 이해하고, 다음 수도 이기는 연속성이 생깁니다."[1]

전략 시뮬레이션 게임을 구현하는 컴퓨터 프로그램의 발달 과정을 보면, 패턴 인식의 힘이 얼마나 중요한지 알 수 있다. 1997년 IBM사의 딥 블루Deep Blue라는 체스 특화 AI는 당대 최고의 체스 선수 게리 카스파로프Garry Kasparov를 꺾은 최초의 컴퓨터 프로그램이었다. 승리의 비결은 모든 수를 고려하는 딥 블루의 막강한 초고속 계산 능력이었다. 딥 블루는 초당 2억 개의 수를 계산하고, 평균 6~8수에서 최대 20수까지 내다보았다.

현재 최고의 체스 컴퓨터는 막강한 계산 능력과 인간의 뇌 기능을 모방한 신경망으로 운용되는 딥러닝 알고리즘을 활용한다.[2] 이 방식은 전략 시뮬레이션 게임이 아무리 어려워도 언제나 인간을 압도하게 만든다. 2017년에 구글의 자회사인 딥마인드DeepMind가 개발한 딥러닝 AI 바둑 프로그램 알파고Al-phaGo는 세계 1위 중국 프로 바둑 기사 커제Ke Jie를 이겼다.[3]

반가운 소식은 새로 부상하는 AI 기술이 기업 리더들의 패턴 인식과 전략적 사고를 대폭 향상하는 쪽으로 활용되고 있지, 아직 이들을 대체하지 못한다는 점이다. 당신이 일하고 있는 비즈니스 환경이 그만큼 복잡하고 불확실할 뿐만 아니라, 그 어느 때보다 모호해졌기 때문이다. 인간과 AI가 공생하는 생태계에서 살아남으려면, 무수한 잡음 속에서 의미 있는 패턴을 꿰뚫어보는 능력을 갖추고, 그 능력으로 가장 중요한 문제의 해결 구도를 잡고, 정확한 질문을 던져 어떤 행동을 취할지를 정하고, 조직의 역량을 동원하는 능력이 필요하다. 경쟁이 심화하고, 기술 발전의 속도가 가속화되고, 지금처럼 정치적 환경적 위기가 일상화되더라도 당신이 가진 창의성과 비전은 여전히 중요하다.

어떻게 패턴을 인식하는가?

패턴을 잘 읽는 리더는 자신이 목격한 것과 머릿속에 기억하는 패턴들을 연결하는 데 능숙하다. 그러면 무엇에 집중해야 할지 빠르게 파악할 수 있다. 전략적 사고를 하는 이들은 머릿속에 그려놓은 그림으로 현상을 '이해'하고, 그 비전을 실행에 옮긴다.

　패턴 인식이 극대화되면, 주변에서 일어나는 일들을 단순히 인지하는 수준을 넘어선다. 사건에 담긴 더 큰 의미를 이해하게 되고, 변화무쌍한 기업 환경일지라도 그 사건이 장차 어느 방향으로 전개될지 예상할 수 있다. 제너럴 일렉트릭의 전 최고경영자이자 미국의 가장 영향력 있는 재계인사 중 한 명인 잭 웰치Jack Welch는 이렇게 말했다. "수면 위로 얼핏 보이기 시작하는 것들을 볼 줄 알아야 훌륭한 리더입니다. 그 능력을 갖춘 사람들은 별로 없습니다. 작은 조짐을 볼 수 있는 사람은 흔치 않지요."[4]

훌륭한 전략적 사고자는 복잡한 업계 지형의 핵심을 파악하고 판단하기 위해 방대한 정보를 처리한다. 장기기억에 오랜 시간을 들여 구축한 여러 가지 멘탈 모델을 통해 다량의 소음에 섞여 있는 약하지만 중요한 신호를 인지한다. 덕분에 정보가 불충분하고 불확실성이 크더라도 결정을 내릴 수 있다.

전략적 사고를 하려면 자신이 몸담은 기업과 관련 분야의 핵심 영역에서 일어나고 있는 일을 파악할 강력한 멘탈 모델을 개발하는 데 힘써야 한다. 그 과정에서 집중력을 잃거나 혼란에 빠질 정도로 인지 처리 용량을 늘리지 않고도 더 많은 정보를 처리하는 능력이 향상될 것이다. 한 연구에 따르면, 정보 과부하로 에너지와 자제력이 떨어지고 의사결정 능력과 협업 능력이 손상된다고 한다.[5]

노벨 경제학 수상자 대니얼 카너먼Daniel Kahneman의 《생각에 관한 생각》에는 대중과학 잡지 〈사이언티픽 아메리칸Scientific American〉에서 발췌한 내용이 있다. 당신의 뇌가 기본적으로 두 개의 사고 '시스템'으로 이루어져 있다는 개념인데, 이를 이해하면 패턴 인식 개발에 도움이 된다.

"뇌의 제1 사고 시스템 역량에는 태어나면서 자연적으로 얻는 선천적 능력이 있다. 우리는 주변 세계를 인지하고, 사물을 인식하고, 시선을 돌리고, 손해를 막고, 거미를 무서워하도록 태어났다. 그 외 다른 두뇌 활동도 장시간 연습을 통해 선천적 능력처럼 빠르게 자동으로 습득된다."[6]

제1 시스템은 전면에 드러나지 않고, 의식적 사고의 개입이 자연스럽게 작동한다. 하지만 편견과 실수를 유발할 수 있다. 제2 시스템은 의도적이고 느리고 분석적이다. 카너먼은 이렇게 설명한다. "제2 시스템은 복잡한 계산처럼 노력이 필요한 지적 활동에 주의를 배분한다. 제2 사고 시스템 작동 방식은 주도력, 선택, 집중과 같은 주관적인 경험과 주로 연관된다." 두 번째 시스템은 우리가 수학과 같은 도전적인 인지 문제에 집중할 때 불이 켜진다. 새로운 자극에 놀랄 때처럼, 패턴을 포착할 때 주의를 **통제**한다.

예를 들어, 당신이 한 금융 기업의 최고경영자인데 불경기가 임박했다고 판단했다. 위험관리 목적으로 대손충당금을 책정했다. 하지만 분기 실적이 예상 수익 전망을 넘어섰다. 당신은 자료를 분석할 때, 과거에 경험한 적이 있는 유사한 패턴(정부 부양책이나 고용률 상승, 대출 연체율 하락 등)을 찾으려 뇌의 제2 사고 시스템이 장기기억을 활용한다. 당신은 '눈앞에 벌어진 현실'과 비슷한 일을 기억해내고 이해한다.

당신은 이러한 통찰을 이용해 소위 연상적 활성화associative activation 과정을 거치며 미래를 상상하는 단계로 넘어간다. (정부 부양책과 같은) 하나의 생각을 처리하면서 장기기억에 저장된 (양적 완화, 유동성, 인플레이션 같은) 생각이 깨어난다. 결국 특정 자극에 노출된 경험이 인지 처리와 기억 검색 속도를 높여 관련 자극에 더 빨리 대응하는 **점화 효과**priming effect를 낳는다. '점화'는 물결과 같다. 대개 연상은 다른 생각을 '미리 준비시키는' 효과를 낳는다.

뇌의 점화 효과가 기업 리더들에게는 어떻게 작용할까? 당신이 매출과 수익이 감소하고 주가가 하락하는 등 실적이 부진한 회사를 이끌고 있다고 상상해보자. 저조한 실적을 본 당신 머릿속에 문제를 해결해줄 수 있다고 주장하는 행동주의 투자자activist investor들이 떠오를 수도 있다. 당신의 뇌는 이런 정보를 생각하도록 미리 준비를 마쳤기 때문에, 당신은 (헤지펀드 기업이 회사 주식을 대량 매입해 이사회 의결권 확보를 노리는 것과 같은) 잠재적 위협이 발생할 때 빠르게 사고하고 대응할 수 있다. 한마디로 새로운 위협과 기회를 더 잘 감지해 대응할 수 있는데 이것이 바로 전략적 사고의 주요 기반이다.

이러한 패턴 인식 프로세스는 의사결정과 전략 개발의 필수 요소다. 패턴을 인식하면 대량의 데이터에서 추세, 관계, 기타 의미 있는 정보를 식별할 수 있다. 이런 통찰을 활용해 더 많은 정보를 토대로 결정할 수 있고, 더 효과적인 전략을 마련하고, 미래에 일어날 일들을 예상할 수 있다. 게다가 데이터를 관통하는 패턴을 파악하면 잠재적 위험과 기회를 식별할 수 있고, 바로 이 점이 목표를 달성하는 전략 개발에 유용하게 쓰인다.

뇌는 자동으로 움직이는 제1 사고 시스템에 주로 통제되기 때문에, 당신은 뇌에서 이러한 일이 일어나고 있다는 것조차 깨닫지 못할 수 있다. 따라서 전략적 사고 능력을 강화하는 전반적 프로그램에 제2 사고 시스템 역량 개발 훈련을 의도적으로 포함해야 한다.

> **자기점검**
>
> 당신은 카너먼의 제2 시스템 사고를 언제 하고, 언제 하지 않는지를 어떻게 인지할 수 있는가?

패턴 인식 능력의 한계는 무엇인가?

패턴 인식 능력을 개발할 때 중요한 점은 한계를 이해하고, 일반적인 함정에 빠지지 말아야 한다는 것이다. 기본적인 인지 능력의 한계를 깨닫지 못하는 것이 첫 번째 함정이다. 당신이 이끄는 기업에 영향을 미치는 모든 주요 사안을 감지하고 대응할 수는 없다. 누구나 집중력에 한계가 있고, 한 가지에 너무 집중하면 중요한 것을 놓칠 수 있다.

크리스토퍼 차브리스Christopher Chabris와 대니얼 사이먼스Daniel Simons가 진행한 '투명 고릴라 실험The Invisible Gorilla'을 살펴 보자. 실험에서 두 연구자는 하버드대학 심리학과 학생들에게 영상 하나를 보여주면서 선수들이 농구공을 몇 번이나 패스하 는지 세어보라고 했다. 실험에 참여했던 학생들 절반 이상이 고릴라 복장을 하고 가슴을 치며 돌아다니는 영상 속 한 사람을 전혀 인지하지 못했다. 또한 고릴라 이야기를 듣고 나서도 고릴라를 봤다는 사실을 기억하지 못했다.[7] 요구받은 소위 '중 요한' 일에 집중하느라 그 외에 다른 일을 신경 쓸 여력이 없 어, 결국 아주 특이한 자극마저 놓친 것이다.

이런 실험 결과가 나타난 원인은 무엇일까? 인간이 생존 확 률을 높이기 위해 가장 심각한 위험과 가장 유망한 기회를 우 선으로 두도록 생물학적으로 진화했기 때문이다. 집중은 리더 들이 무수한 자극에 압도되기보다 중요한 일에 몰입할 수 있 게 한다. 하지만 집중은 나날이 복잡해지고 혼란스러워지는 세상에서 잠재적 약점이 있는 몰입 수단이다.

역설적이지만 선별적 관심에 도사리고 있는 함정을 늘 조심해야 한다. 차근차근 상황을 판단하고 곰곰이 생각하면, 반짝이는 사물에 시선을 빼앗기지 않고 중요한 패턴을 감지할 수 있다. 다른 간부들처럼 당신도 집중할 일이 매일매일 늘어가고, 기술적 사회적 환경적 변화가 가속하면서 마주한 과제도 더욱 복잡해졌을 것이다. 이는 패턴 인식 능력 개발의 중요성을 역설한다.

제한적이고 선별적인 집중이 초래할 위험을 인식하는 것 외에도, 우리는 가장 중요한 위협과 기회를 인지하는 능력에 방해가 되는 편견에 빠지기 쉽다. 《블랙스완》의 저자 나심 니콜라스 탈레브Nassim Nicholas Taleb는 리더들이 중요하지만, 발생 가능성이 희박한 위협(2008년 세계 금융위기)이나 기회(암호화폐와 블록체인의 등장)를 늘 놓치고 있다고 말한다.[8]

정보를 수집하고 해석하는 데 편견이 있다는 사실을 놓치면 패턴 인식에도 실패한다. 카너먼은 인간의 마음을 "서둘러 결론으로 뛰어드는 기계"라고 했다. 우리는 쓸만한 정보가 없으면 가정한다. 그 가정이 합리적이고 타당하며 잘못된 가정으로 판명 났을 때 큰 손해로 이어지지 않는다면, 머릿속 단축키를 쓰는 방법이 완벽한 전체 그림이 없을 때 복잡한 상황을 헤쳐나가는 방법이 될 수 있다.[9]

확증 편향confirmation bias처럼 이미 가진 생각과 일치하는 새로운 자료를 찾거나 기존 이론을 뒷받침하는 증거를 떠올리는 전형적인 함정은 최대한 피해야 한다.

또 하나의 비슷한 편견으로, 있지도 않은 패턴을 인식하려고 드는 '내러티브 함정narrative trap'이 있다. 우리는 복잡하고 얼핏 보기에 별개인 사건들을 인과관계를 적용해 **이해**하려고 노력하는 성향이 있다. 금융 관련 뉴스가 좋은 예다. 은행 관련 주식이 금리 상승에 '힘입어' 선방하고 있다는 기사를 종종 접하지만, 이러한 분석은 우연이라는 요소와 다른 중요 변수들을 고려하지 않는다.

확증 편향의 또 다른 형태는 필 로젠츠바이크Phil Rosenzweig의 책 제목이기도 한 '헤일로 이펙트halo effect', 즉 후광 효과다.[10] 한 사람이나 기업의 중요한 측면이 사실과는 달리 그 사람과 기업의 전체 인식을 결정하는 성향이다. 로젠츠바이크는 후광 효과가 기업 실적에 대한 우리의 상당히 왜곡한다고 말한다. 보통 재무 건전성이 튼튼한 기업이라면, 기업 전략과 리더십도 훌륭하리라 추측하는 것이다. 하지만 실적이 떨어지면 사람들은 바로 해당 기업의 전략을 의심하고 최고경영자가 오만해졌다고 평가한다. 명백한 종합적 실적 결과치가 전반적인 인상, 즉 '후광'을 만드는데, 이 후광은 우리가 기업 성과에 실질적으로 기여하는 세부 요소들을 인식하는 데 영향을 미친다. 혹은 로젠츠바이크의 말대로, 우리는 외적으로 드러난 자료와 기업의 내적 요소를 혼동한다.

과거에 매몰비용 오류로 알려졌던 희망적 사고wishful thinking
가 또 하나의 중요한 인지 편향이다. 이런 사고방식으로 기존
손실을 만회할 수 있다는 헛된 희망에 빠져 소중한 자원을 투
입한다. '두 배 더'를 감행하는 투기성 투자자의 규모가 커지
고, 위험도가 높은 한물간 투자에 갇혀 어떤 경우에는 기업과
산업의 붕괴를 낳기도 하고, 심지어 글로벌 위기 사태로 번지
기도 한다.

마지막으로, 상황이 악화할 때 남을 비판하는 일을 피해야
한다. 대개 인간은 좋은 결과는 자기의 공으로 돌리고, 나쁜 결
과는 외부 요인 때문이라고 탓한다. 심리학자들은 이를 **이기
적 편향**self-serving bias이라고 한다. 이는 개인적 성공 의식과 정
치적 힘을 키우는 데 도움이 될지 몰라도, 판단을 흐려 장차
재앙 수준의 문제를 일으킨다. 전략적 사고를 하는 사람들은
이런 희생양 삼기 충동을 경계한다. 대신 저조한 실적을 낳은
구조를 파헤쳐 개혁한다. 이들은 문제의 다양한 잠재적 해법
을 궁리하고 열린 태도를 유지한다.

종합해보자. 정보를 수집하고 해석하는 데 심각한 편견이
있다면 조직이 직면한 현실을 제대로 평가할 수 없다. '의미
없는 자료를 입력해봐야 의미 없는 결괏값만 얻는다'는 말도
있다. 심각한 편견은 잠재적 위협과 기회를 정확히 판단하고,

그렇게 얻은 통찰을 활용해 조직에 알맞은 행동 방침을 계획할 수 없게 한다.

일반적인 인지 편향을 인식하고 피하는 법을 배워야 하지만, 그것만으로는 부족하다. '편향 버리기' 외에도 패턴 인식 능력에 집중하고, 이를 시험할 수 있는 비판적 사고 능력을 개발해야 한다. 많은 이해관계가 얽힌 새로운 상황이 눈앞에서 펼쳐질 때, 최초의 상황을 어떻게 인지하는지 자기 자신을 비판적으로 바라봐야 한다. 여러 인지 편향으로 중요한 현실을 못 보고, 보고 싶은 것만 볼 수도 있기 때문이다. 전략적 사고의 최고봉에 선 리더는 늘 자기 직관을 의심하고, 주변 사람의 신념에 도전한다.

우즈 같은 리더 대부분은 자신이 세운 계획과 목표에 도움이 되는 방향을 선택한다. 패턴 인식이 중요한 이유는 상황 변화에 맞게 방향을 바꾸는 능력도 중요하기 때문이다. 꾸준한 조정은 전략적 사고에 능숙한 리더들의 공통점이다. 우즈의 사례처럼 공개 토론이 그 시작이 되기도 한다. 공개 토론은 전략적 사고가 성장하는 최고의 환경이다. 공개 토론을 활용하는 한 가지 방법은 문제 해결과 의사결정에 도움이 될 다양한 관점과 경험을 가진 여러 팀과 특정 결정의 잠재적 결과를 의논해보는 것이다.

예를 들어, 토론에서 얻은 새로운 관점과 당신이 최초에 내린 기업 환경 평가가 대립해 기존 전략의 타당성이 떨어지는 경우, 당신이 세운 멘탈 모델에 기초해 여러 팀과 토론하면 문제가 명확해질 수 있다. 더 많은 정보를 수집하고, 가설 수정을 통해 더 나은 판단을 내릴 수 있다. 이러한 건설적 비판과 수정 프로세스를 거치며 전략적 사고자들은 패턴 인식의 결실을 시험하고 개선할 수 있다.

> **자기 점검**
> 인지 편향에 빠지지 않고, 호기심을 유지하면서 멘탈 모델을 꾸준히 업데이트하려면 당신은 무엇을 해야 할까?

어떻게 키울 수 있을까?

패턴 인식에 전적으로 의존하지 않는 것도 중요하지만, 그렇다고 패턴 인식이 가진 막강한 힘을 놓치면 안 된다. 패턴 인식 능력은 애초부터 우리 뇌에 장착되어 있다. 하지만 나머지 다섯 가지 전략적 사고 훈련처럼 더 크게 키워나갈 수 있다.

뇌가 외부 환경에 따라 구조와 기능이 변화하는 특성, 즉 신경 가소성에 관한 연구에 따르면, 뇌는 인지 능력에 부담을 주는 활동에 주의와 노력을 기울인다고 한다.[11] 학습량이 늘면 숙련도도 늘어 어느 순간부터 뇌는 큰 노력 없이 작업을 수행한다. 주의력과 노력을 관장하는 뇌 영역 활동이 크게 줄어드는 것이다.

새로운 언어를 배우는 가장 효과적인 방법은 완전 몰입이다. 이는 복잡한 비즈니스 환경에 관한 깊이 있는 비전을 얻기에 훌륭한 방법이기도 하다. 강력한 멘탈 모델을 쌓으려면 특정 환경에 적응할 상당한 양의 담금 시간이 필요하므로 몰입은 필수다. (인재 개발 전문가들이 특히 주목해야 할 내용이다. 너무 빨리 업계나 업무에 발을 담그면, 새로운 환경의 핵심 사항에 숙달할 시간이 없고, 결국 능력 개발에 역효과를 낳는다.)

모든 비즈니스 영역에서 월등한 패턴 인식 능력을 갖출 수는 없다. 마케팅은 조직의 한 분야, 속도가 빠른 소비재 산업, 정부 등 특정 이해관계 영역을 정해 몰입해야 한다. 다시 말해, 특정 영역에서 전략적 사고자가 되어야 한다. 그후 몰입과 훈련을 통해 훌륭한 패턴 인식 능력을 키워야 한다.

패턴 인식 능력을 기르는 또 하나의 방법은 사수와 부사수의 관계로 '전문가들' 가까이에서 일해보는 것이다. 패턴 인식에 뛰어난 사람들에게 배우며, 그들의 사고방식을 흡수할 기회를 찾아라. 전문가의 사고방식을 최대한 배우기 위해서는 관찰 이상의 노력이 필요하다. 물론 그들도 당신과 이야기하는 데 시간을 할애할 의향이 있어야 한다. 그들의 입을 열게 하는 데 도움이 될 몇 가지 질문은 아래와 같다.

- 이제까지 감지한 가장 중요한 패턴과 신호에는 어떤 것들이 있습니까?

- 패턴을 감지한 순간에, 과거 경험했던 상황이나 사건과 어떤 접점을 찾았습니까?

- 그 상황과 문제에서 새로운 점도 있었습니까?

- 결론을 내렸을 때 얼마나 확신했습니까?

- 앞으로도 사고방식을 가다듬고 접근 방식을 조정할 의향이 있습니까?

또한 일부러 호기심을 키우고, 더 많은 정보를 거두기 위해 어망을 넓게 치는 방법도 있다. 심리학자들도 호기심 자체가 탐험, 발견, 성장 욕구를 자극한다는 것을 인정했고,[12] 호기심은 호기심이 없었더라면 무시하고 지나쳤을 세부 사항을 자세히 들여다보는 데 유용하다.

트렌드를 파악하는 데 집중한다. 뉴스나 연구 자료를 살펴보거나 인맥을 통해 정보를 얻는 것도 좋다. 그렇게 얻은 정보로 트렌드 가설을 세워도 좋다. 우즈 같은 리더들은 중요한 패턴을 파악할 수 있는 수십 년간의 경험치도 있지만, 그 경험에서 얻은 지식을 보완하고 멘탈 모델을 강화하기 위해서도 부단히 노력한다. 우즈는 이렇게 말한다. "미래를 내다본 최선의 결정은 다양한 수치 자료, 사회변화와 기술 발전의 동향, 자기 경험을 소화해 그 모든 데이터를 관통하는 하나의 큰 선을 그리는 능력에서 비롯됩니다."

세계 최대 운송회사 페덱스의 창립자이자 전 최고경영자인 프레데릭 스미스Frederick Smith는 〈아메리칸 비즈니스 매거진 American business magazine Inc.〉과의 인터뷰에서 정보를 대하는 태도에 대해 말했다.

다양한 분야의 정보, 특히 변화에 관한 정보를 한꺼번에 흡수하는 능력이 중요한 이유는 '변화는 기회를 의미하기' 때문입니다. 예를 들어, 미국의 문화와 역사에 대한 어떤 자료를 읽고, 미국인들이 현재 어느 방향으로 진화하고 있는지를 깨달을 수 있습니다.

그는 하루에 네 시간 가까이 책을 읽는다고 했다. "신문, 경영 이론서, 비행기 관련 이론서 등 가리지 않고 읽습니다. 여러 정기 간행물을 읽으며 최신 기술 변화를 놓치지 않으려고 합니다. 앞으로 어떤 미래가 펼쳐질지 기대가 큽니다."[13]

경영 사례 분석case study도 패턴 인식 능력을 훈련하기 좋은 방법이다. 다양한 실제 '사례 분석(집단, 사건, 조직, 산업에 대한 깊이 있는 연구)'을 통해 교훈을 얻고, 강력한 멘탈 모델을 구축할 수 있기 때문이다. 이와 관련한 다양한 실제 사례를 접하는 것이 패턴 인식 능력에 특히 도움이 된다.[14]

시뮬레이션simulation, 즉 모의훈련도 훌륭한 방법이다. 실제 접할 수 있는 상황을 모의 경영 훈련 등을 통해 경험하며 상황 인지 능력과 패턴 인식 능력은 물론 전략 기획, 실행 능력을 향상시킬 수 있다. 모의훈련은 우리가 비판적이고 전략적으로 사고해 더 나은 선택을 하는 데 필요한 모든 주요 사고 과정을 훈련하는 탁월한 방법이다.

사려 깊은 조언도 패턴 인식 능력 향상에 큰 도움이 된다. 한 연구에 따르면, 특정 과제를 완료한 후 자세한 피드백을 받은 사람은 의사결정의 속도와 정확성 사이에서 최적의 타협점을 빠르게 찾아낸다고 한다.[15] 구체적인 피드백은 판단 기준을 제공하고, 실마리와 실제 전략 사이의 개연성을 키워 정보가 불충분하고 상황이 불확실해도 빠른 의사결정을 내릴 수 있는 멘탈 모델을 개발하는 데 기여한다. 임원급 간부들은 피드백을 통해 자신의 신념을 테스트하고, 잘못된 결정과 실패로 이어지기 쉬운 인지적 한계와 편견을 극복할 수 있다.

요약

패턴 인식은 데이터와 정보에 흐르는 반복 요소와 동향을 식별하는 능력으로, 전략적 사고의 핵심이다. 이 능력으로 당신의 조직, 조직이 속한 시장과 고객을 더 깊이 있게 이해하고, 잠재적 도전과 기회를 식별할 수 있다. 조직의 사업영역 중 핵심 부문의 근본적인 패턴을 읽지 못하면 중요한 일에 집중할 수도, 유효한 전략을 개발할 수도 없다. 몰입, 관찰, 추출을 통해 패턴 인식 역량을 강화해야 하는 이유다. 이제 '시스템 분석' 훈련이 어떻게 패턴 인식 능력 개선에 도움이 되는지를 알아보자.

패턴 인식 점검표

매 장 말미에 아래와 같은 점검표를 마련했다. 핵심 내용을 정리하고, 당신이 전략적 사고의 각 측면 개발에 바로 돌입할 수 있도록 돕기 위해서다.

1. 당신이 패턴 인식 능력을 개발해야 하는 가장 중요한 분야는?
2. 멘탈 모델을 강화하기 위해 최대한 몰입하는 방법은?
3. 모의훈련, 전문가 곁에서 일해보기, 구체적 피드백 받기 등 당신의 패턴 인식 능력을 키우는 데 가장 효과적인 방법은?
4. 호기심을 키우고 새로운 동향에 발맞추어 가는 방법은?
5. 여러 인지 편향에 잠재적으로 취약한 당신을 단속할 방법은?
6. 편견의 독소를 제거하고 비판적 사고 능력을 강화하기 위해 당신이 취할 방법은?

더 읽을 책

— 대니얼 카너먼, 《생각에 관한 생각》, 이창신 옮김, 김영사, 2018.

— 필 로젠츠바이크, 《헤일로 이펙트》, 이주형 옮김, 스마트비즈니스, 2007.

— 캐롤라인 E. 잠복Caroline E. Zsambok, 게리 클라인Gary Klein, 《자연주의 의사결정Naturalistic Decision Making》, Lawrence Erlbaum Associates, 1996

2장

시스템 분석 훈련

시스템 분석이란, 조직이 운영되는 경쟁 환경과 같은 복잡한 영역에서 멘탈 모델을 세우는 작업이다. 시스템 모델을 만들어가는 과정은 (1) 복잡한 현상을 구성하는 요소 파악하기, (2) 요소 간에 어떤 상호작용이 일어나고 있는지 이해하기, (3) 그 이해를 기반으로 기업 환경에서 가장 중요한 인과관계를 설명할 튼튼한 모델, 즉 틀 세우기이다.

시스템 분석을 통해 내부적으로는 부서, 절차, 체계 등 조직의 다양한 상호관계와 의존관계를 파악할 수 있다. 조직이 어떻게 상호작용하고 상호 영향을 미치는지를 이해하면, 개선 기회를 포착하고 실적을 최적화할 전략을 세울 수 있다.

외부적으로는 조직을 둘러싼 환경을 이해하는 데 시스템 분석을 활용할 수 있다. 조직이 고객, 공급사, 경쟁사, 유관 정부

기관 등 외부 세력과 어떻게 교류하고 있는지를 분석해보면 성장 기회가 눈에 들어오고, 그 기회를 활용해 효과적인 전략을 개발할 수 있다.

시스템 분석이란?

시스템 분석은 시스템 요소들을 별개로 이해하기보다 요소 간의 연관성과 상호작용에 초점을 두어 전체를 이해하는 접근법이다. 다시 말해, 요소 간 상호작용이 시스템 전체의 행동을 결정한다는 개념에 기초한다. 시스템 속 한 요소의 변화가 다른 요소에 연쇄적으로 영향을 미치기 때문에, 시스템 분석은 복잡한 문제를 해결하고, 결정이 초래할 잠재적 영향과 의미를 고려하는 도구다.

시스템 모델이 갖추어지면 가장 중요한 일에 집중하는 데 투입되는 인지 부담이 줄어 패턴 인식 능력이 향상된다. 그 결과 새로운 도전의 기회가 더 빠르게 '눈에 들어온다'. 부정적 충격이나 미지의 영향력을 더 재빨리 예측하고, 기업 환경을 바람직한 방향으로 주도해갈 전략을 개발할 수 있다.

시스템 분석은 기후 과학자나 세계경제의 역학과 발전 방향을 예측하는 경제학자들의 필수 도구다. 기후나 세계경제는 너무 복잡해서 한눈에 알아볼 수도 없고, 완벽히 이해할 수도 없다. 그래서 전체를 구성하는 하부 시스템별로 나누어 모델을 만들 수밖에 없다. 기후 과학자는 대기, 해양, (얼어붙은 물로 덮인) 빙하권, 생물권 각각의 모델을 만든다. (그마저도 무수한 요소로 구성된) 이 개별 모델을 분리 개발해 목적에 맞게 활용하거나 종합해 지구 전체 기후를 예측하는 데 사용한다.[1] 기후나 경제 모델 제작에서 분석 알고리즘과 패턴 인식 알고리즘으로 구동되는 컴퓨터 기반 시스템 모델링 방식은 AI와 인간의 공생관계에서 인간의 능력을 증폭시킨다.

엔지니어들은 컴퓨터 기반 시스템 모델을 복잡한 상품을 설계하는 데 활용했다. 병렬적으로, 그리고 순차적으로 일어나는 일련의 과정을 모두 포착할 수 있기 때문이다. 이렇게 (재고 비용 절감과 같은 결과로 이어져) 출고량과 생산성이 극대화된다.

한편 상품 개발 전문가들은 상품 개발 과정에 '건축' 모델을 활용한다. 최첨단 기술이 투입되는 상품은 일반 상품보다 디자인하기 훨씬 복잡하다. 상용화가 진행 중인 자율주행 자동차를 예로 들어보자. 엔진, 구동계, 섀시 같은 전통적인 부품 외에도 센서, 구동 소자, 프로세서, 알고리즘 등 어지러울 정도로 다양한 부품이 들어가 있다. 자율주행 자동차는 기본 인터페이스 사양을 따르며 독립적으로 작동하다, 다시 통합해 작동하는 요소들로 구성된 시스템의 집합체다.

당신은 시스템 분석을 배워본 적이 있는가?
그것을 일에 적용해본 적이 있는가? 도움이 되었는가?

시스템 분석이 왜 중요한가?

전략적 사고를 더 효과적으로 하고 싶은가? 그렇다면 패턴을 인지해 예측하고 전략을 수립해 타당한 결정을 내린 후, 더 빨리 행동하고 능력 개선에 도움이 되는 시스템 모델을 만들어야 한다. 이는 컴퓨터로 운용하는 형식적인 모델일 수도 있지만, 보통은 머릿속에서 '운용'하는 멘탈 모델을 말한다.

당신은 생산 공정, 조직, 산업, 경제와 같은 영역을 시스템으로 모형화할 수도 있다. 조직 내부 역학과 조직 외부 환경을 결정하는 것은 경제적, 정치적, 사회적 힘이다. 이를 이해하는데 시스템 분석 이용 능력이 꼭 필요하다.

인간은 복잡한 문제를 구성 요소별로 쪼개 쉽게 처리하려고한다. 이는 타고난 성향이다. 그리고 개별 요소를 분리해 이해하는 것도 중요하지만, 그 개별 요소들이 어떻게 맞물려 상호작용하는지를 이해하는 것도 중요하다. 그렇지 않으면 벌어지는 일에 '당연히 놀랄' 수밖에 없다.

2021년 3월, 웬만한 고층 건물 크기의 화물선 에버기븐호가 6일간 수에즈 운하에 좌초된 사건을 예로 들어보자. 이 유감

스러운 항해 사고로 공급망이 타격을 받아 세계무역이 정체했다. 운하가 막히면서 매일 약 90억 달러가 국제무역에 묶였고, 이는 시간당 4억 달러, 분당 670만 달러에 해당하는 액수였다.[2] 이후 수에즈 운하는 정상화되었지만, 세계무역 흐름이 안정되기까지 몇 주가 걸렸다.

왜 그런 일이 일어났을까? 세계무역은 상당히 복잡하고 놀라울 정도로 불안정한 시스템이기 때문이다. 경제적 효율성을 달성하겠다는 집요한 노력, 특히 재고비 절감 노력은 원자재와 부품을 여러 지역에서 장거리 운송해 '적시 생산just in time' 하고 있다.

상황이 안정적일 때 이러한 시스템은 효율적으로 작동한다. 하지만 이 시스템은 작은 실수에도 매우 취약하다. 시스템에 여유가 거의 없어 작은 문제라도 시스템 전반에 빠르게 퍼진다. 모바일 데이터 기업 애니라인Anyline의 최고경영자이자 공동창업자인 루카스 키니가드너Lukas Kinigadner는 이렇게 말한다. "전 세계 공급망은 세계경제의 동맥과 같고, 당일 배송과 '적시 생산' 재고관리를 최우선으로 하는 지금 시대에는 어느 한 부분의 아주 작은 막힘도 …… 시스템 전체에 지장을 줄 수 있습니다."[3]

글로벌 물류 시스템 전문가들은 사소한 혼란이 심각한 결과를 초래할 것이라고 오래전부터 우려했다. 이들은 그 시작이 무엇인지 특정할 수 없지만, 국제무역에서 일어나는 소소한 작은 문제가 고장을 일으켜 더 많은 문제를 유발하고, 붕괴로 이어질 잠재성이 있는 '연쇄적 시스템 장애'에 취약하다는 것을 알고 있었다.[4] 그 경고에 귀 기울여 공급망에 여유와 완충 장치를 마련한 기업은 거의 없었고, 충격을 피해 갈 수 없었다.

관계자들은 수에즈 운하 봉쇄의 구체적 위치나 시간은 예측할 수 없었지만, 글로벌 무역 시스템에 이처럼 중요한 운송 연결고리가 교란될 가능성은 충분히 인지하고 있었다. 이는 시스템 분석이 비상계획 수립에 얼마나 중요한지를 극명히 보여주는 사례다. 정확히 어떤 위기가 닥칠지 예측하지 못하더라도, 기업에 미칠 광범위한 재무적, 산업적, 사회적, 정치적 재난을 예상할 수는 있다. 이러한 통찰이 잠재적 문제 해결과 위기 대응책을 수립하는 튼튼한 기반이 된다.

코로나19 팬데믹이 글로벌 시스템에 미친 영향이 생산, 소비, 소비자 신뢰의 붕괴를 동반한 전면적인 경제 위기로 치닫게 한 사례도 마찬가지다. 당시 현명한 투자자들이 코로나19의 연쇄반응을 예측한 배경에는 충격에 빠진 시장이 어떻게 작동하는지에 대한 이해가 있었다. 이들은 소수 기업이 팬데믹 기간 승승장구할 것을 알았다. 코로나19 백신 개발로 일부 제약회사들이 호황을 누렸고, 대형 기술기업들은 재택근무 혁신의 혜택을 보았고, 온라인 소매업체는 봉쇄 조치로 이득을 보았다.

예리한 투자자들은 여행 산업과 관광업과 같은 취약한 업종에서 빠져나와 유망 산업으로 이동했다. 예를 들어, 헤지펀드 퍼싱 스퀘어 캐피털 매니지먼트의 최고경영자 빌 애크먼Bill Ackman은 2020년 코로나19로 경제가 봉쇄되며 보험료가 상승할 것이라고 믿었다. 그는 2,700만 달러를 투자했고, 무려 26억 달러의 수익을 올렸다.[5]

시스템 분석은 복잡성을 관리하고 집중 대상을 정해 행동하게 하는 강력한 도구다. 세상은 안정적이지 않고 예측 불가능하다. 세상은 그 어느 때보다 역동적이고 복잡하다. 이 때문에 위험과 불확실성이 커져 정보 과부하를 낳는다. 이때 시스템 분석이라는 예리한 칼로 알맹이와 껍질을 빠르게 분리할 수 있다. 잭 웰치가 말한 것처럼, 시스템 분석은 작은 조짐을 더 명확히 파악하고, 잠재적인 방해 요인을 조직에 이로운 방향으로 활용할 비전을 갖게 한다.

자기 점검

당신이 이끄는 조직은 어떤 어려움에 직면했는가?
시스템 분석이 유용하게 쓰일 수 있는가?

시스템 모델은 요소, 요소 간 상관관계(혹은 '인터페이스'), 목표 혹은 기능 이 세 가지로 구성된다. 당신의 조직을 어떻게 시스템으로 모형화할지를 생각하라. 당신이 이끄는 기업이 성공하려면, 다양한 기능과 재능을 하나로 통합해 구성 요소들의 단순 합보다 더 큰 단일체로 통합해야 한다. 과거 인사부 임원이었고, 현재 여러 기업의 이사회 임원으로 활동하고 있는 캐서린 바흐 칼린Katherine Bach Kalin은 말한다. "기업과 기업이 마주한 여러 기회를 더 넓게 바라보며 사람, 부서, 프로세스 간에 연결고리를 만드는 일이 중요합니다. 기업을 어떻게 전체적으로 관리할지, 모든 기능에 걸쳐 포진한 자원을 어떻게 활용할지 고민해야 합니다."

시스템 분석을 조직 설계에 적용하려는 노력은 1970년대에 시작되었다. 1987년 당시 와튼스쿨 교수였던 제이 갤브레이스 Jay Galbraith는 최초의 조직 설계 모형으로 스타 모델Star Model을 발표했다.[6] 그리고 1980년 컨설팅 기업 매킨지는 '7-S 프레임워크7-S Framework'를 선보였다. 두 모델은 기본적으로 유사하다. 갤브레이스 교수는 조직에서 상호작용하는 다섯 가지 요소 즉 '전략, 구조, 프로세스, 보상, 인재'를 별 모양으로 나열했다. 반면 매킨지 7-S 프레임워크는 조직 구성 요소를 '전략, 구조, 시스템, 인재(사람), 스타일(문화), 기술, 조직의 가치(목

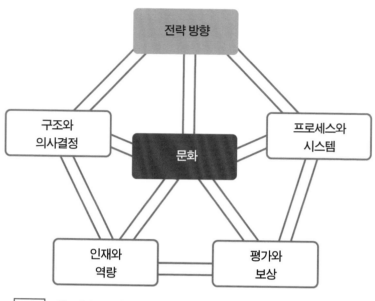

표)' 일곱 가지로 보았다.[7] 두 모델 중, 스타 모델이 더 많은 인기를 얻어 아직도 많은 업계 리더가 활용하고 있다. 아마도 별 모양이 시각적으로 더 매력적인 도식이고, 다섯이라는 숫자가 일곱이라는 숫자보다 기억하기 쉽기 때문일 것이다.

〈그림 2〉는 갤브레이스 교수의 스타 모델을 몇 군데 바꾼 것이다. '전략'을 '전략 방향'으로 확장해 기업의 사명과 비전, 목표, 전략, 핵심 목적을 포괄했다. 의사결정, 역량, 시스템을 추가했고, 정중앙에 문화라는 새로운 요소를 배치했다.

- **전략 방향**은 조직의 목표, 비전, 가치, 사명, 목적, 전략을 통칭한다. 조직원들에게 무엇을 해야 하는지, 목표를 어떻게 달성할 것인지, 왜 그 과정에 참여한다는 사실에 고무되어야 하는지를 명확히 알려주는 나침판 역할을 한다.

- **구조와 의사결정**은 조직원들이 부서와 팀으로 조직되는 방식, 업무를 조율하는 방식, 누가 의사결정을 하는지와 관련된다.

- **프로세스와 시스템**은 자원과 정보의 흐름과 연관된다. 프로세스는 조직 내에서 수평적으로 업무가 처리되고, 가치가 창출되는 방식이다. 기업은 전략, 예산 수립 과정에서 시스템을 활용해 통제력을 행사하고 일관된 행동을 취한다.

- **인재와 역량**은 말 그대로 조직이 보유한 인재와 핵심 역량을 말한다. 예를 들어, 데이터 전문가를 고용해 분석 도구에 투자하고, 데이터 플랫폼을 지원해 데이터 분석 역량을 구축하는 것이 포함된다.

- **평가와 보상**은 조직이 성과를 측정하고 장려하는 방식이다. 금전적 보상과 인정과 더 많은 기회를 주는 비非금전적 보상이 있다.

- **문화**는 조직원들의 행동 방식을 만들어가는 공통적 가치(우리가 중요하게 생각하는 것), 신념(우리가 진실이라고 믿는 것), 행동 규범(우리가 일을 처리하는 방식)이다.

왜 조직을 시스템으로 바라보는 것이 도움이 될까? 조직의 개개 요소를 단독으로 진단하고 설계할 수 있기 때문이다. 그러면 앞의 여섯 개 모든 요소에서 조직적 변화를 일구어갈 수 있다. 또한 새로운 전략을 수립하고, 조직을 재편성하고, (디지털 혁신의 기본이 되는) 새로운 절차를 도입하고, 다른 역량을 가진 인재들을 영입할 수 있다.

이 과정에서 한 요소의 변화가 다른 요소들과 시스템 전반에 어떤 영향을 미치는지 이해하는 것이 중요하다. 조직 시스템은 요소 간 결합이나 일관성이 중요하기 때문이다. 전략과 구조의 합이 맞지 않으면 기능에 문제가 생기고 성과가 저하된다.

예를 들어 당신이 세운 새로운 전략의 핵심이 조직을 좀 더 고객 중심으로 만드는 것이라고 가정해보자. 의사결정 과정이 산발적이거나 고객을 이해하는 데 필요한 프로세스와 데이터가 없다면 성공 가능성은 줄어든다. 그래서 조직이 새로운 전략이 필요하다고 결정할 때는 조직의 나머지 다른 요소를 변모시키려면 무엇을 해야 하는지도 고려해야 한다.

레버리지 포인트 찾아내기

기업과 기업을 구성하는 요소를 시스템으로 간주하고 모형화하면 잠재적 **레버리지 포인트**leverage point를 식별할 수 있다. 시스템에는 작은 변화가 획기적인 변화로 이어질 수 있는 지점이 있다.

〈그림 2〉 조직 시스템 모델의 한가운데 문화가 있다. 그 외 모든 요소가 문화에 영향을 주기 때문이다. 다양한 요소가 문화에 영향을 미치는 방식은 다음과 같다.

- 전략 방향이 지향하는 목표, 비전, 가치
- 조직 내 서열의 수, 보고 관계, 구조와 거버넌스 의사결정 측면
- 프로세스와 시스템이 '일하는 방식'을 결정하는 양상
- 가장 영향력 있는 인재들의 출신 배경과 그들이 가진 능력
- 조직이 성과를 평가하고 보상하는 방식

당신이 조직문화를 바꾸고 싶다고 가정해보자. 다른 요인이 문화에 어떻게 영향을 주는지를 이해하면 레버리지 포인트를 찾아내기 쉽다. 행동을 변화시키고 싶다면 우선 원하는 행동의 측면에서 목표를 명확히 한다. 그다음 채용, 신입사원 온보딩onboarding 프로그램, 성과 관리, 업무 인게이지먼트engage-ment, 직원 교육, 역량 개발과 같은 직원 행동에 영향을 미치는 인적자원 관리 시스템을 바꿔 목표를 추진한다.

제약 요인에 집중하기

시스템 모델을 활용하는 또 다른 방법은 시스템 모델을 활용해 제약 요인limiting factors 혹은 '구속적 제약조건binding constraints'을 찾아내는 것이다. 조직 학습 분야의 명저《제5경영》의 저자인 피터 센게Peter M. Senge는 '성장 제약' 분석이 시스템 분석을 적용하는 전형적인 방법이라고 설명했다.[8]

성장 제약의 기본 개념은 가장 부족한 핵심 자원에서 발생하는 제약 때문에 조직 성장이 멈춘다는 것이다. 시간과 자원을 다른 공정에 투입해도 생산에 지장을 일으키는 병목 지점을 찾아내야 하고, 그 지점을 찾기 위해 생산 프로세스를 분석해야 하는 것과 같다. 엘리 골드렛Eliyahu Goldratt은 이를《더 골》에서 '제약 이론'으로 소개했다.[9]

제약 요인을 파악하는 것은 프로젝트 관리에서도 중요하다. 한 프로젝트를 완료하는 속도는 핵심 작업을 완료하는 데 필요한 시간에 제한된다. 이러한 제약 요소, 병목 지점, 핵심 경로를 파악하면, 시스템에서 막힌 곳을 뚫어 성장을 촉진하고 생산성을 높일 수 있다. 원하는 결과를 달성하는 데 필요한 시간을 단축하려면 어디에 노력을 집중해야 하는지도 알 수 있다.

피드백 순환고리의 영향 인지하기

레버리지 포인트, 제약 요인과 더불어, 시스템 안정에 도움을 되는 피드백 순환고리feedback loop를 이해하는 것도 중요하다. 여기서 **상태**state와 **평형**equilibrium에 관한 시스템 분석 개념을 이해해야 한다. 시스템 분석에서 상태란 특정 시점에 가장 중요한 변수들의 상태를 말한다. 상태가 안정적이거나 의도한 한계 범위 내에서 변동한다면 해당 시스템은 평형 상태다. 피드백 순환고리는 시스템이 일으키는 출력이 원을 그리고 되돌아와 투입될 때 일어난다.

시스템 안정은 대개 바람직하다. 자율주행 차량을 다시 예로 들어, 차량이 원하는 속도로 꾸준히 움직이는 데 필요한 하부 시스템을 생각해보자. 내리막이어서 속도가 갑자기 너무 빨라지면, 차량은 시스템 내의 피드백 순환고리로 엔진 출력을 낮춰 속도를 줄인다. 마찬가지로 오르막을 오르면서 차량이 설정 한계 이상으로 감속하면, 시스템은 더 많은 출력을 낸다. 이런 방식으로 차량은 정해진 제한 범위에서 변동을 겪지만, 비교적 일정한 속도를 유지한다.

조직이 성과를 지속하는 데 피드백이 가장 필요한 곳을 파악하는 것은 정말로 중요하다. 예를 들어, 피드백 관점에서 조직의 재무를 관리하면 가져갈 이익이 크다. 재무 실적이 흔들리기 시작하면 이를 조기에 감지해야 한다. 그래야 문제의 원인에 집중해 조처할 수 있다. 이때 핵심은 재무관리 시스템에 (1) 다급한 문제를 조기 경고하는 측정 항목이 있는지, (2) 적시에 정확히 주의를 환기하고 수습하는 피드백 작동 방식이 있는지다.

안정과 그 안정을 지탱해주는 피드백 순환고리가 늘 바람직한 것은 아니다. 예를 들어, 조직 혁신에는 통상 변화를 주도하는 세력과 변화에 저항하는 세력 간의 다툼이 있다. '견제 세력'이 발생하는 몇 가지 이유는 경직된 사고방식, 변화에 대한 두려움, 상충하는 이해관계와 조직문화다. 일부 세력 덕분에 '평상시' 조직은 안정되고 생산성을 올릴 수 있다. 하지만 새로운 도전과 위해 혁신이 불가피할 때, 그 세력이 심각한 장애일 수 있다. 조직을 쇄신하는 데 그 세력들은 극복의 대상이 된다.

비선형성과 티핑포인트 경계하기

마지막으로 시스템에는 비선형성non-linearity과 갑자기 상황이 뒤집히는 '티핑포인트tipping point'가 공존한다. 시스템이 리니어linear, 즉 선형일 때는 입력값과 출력값이 비례한다. 자동차 액셀을 밟는 것을 생각해보자. 발판에 어느 정도 힘을 가하면 차량에는 그 힘만큼의 속도가 붙는다. 두 배의 힘으로 발판을 누르면 속도도 두 배 빨라진다. 즉 힘과 속도는 비례한다. 액셀 발판이 비선형적으로 작동한다고 상상해보자. 살짝 밟았는

데 속도가 10퍼센트가 증가한다. 좀 전만큼 밟았는데 이번에는 속도가 100퍼센트 늘어난다. 그다음에는 1,000퍼센트로 불어난다. 그러면 차가 제멋대로 달리다 충돌하는 일은 잦을 것이다.

시스템 내 비선형성은 시스템을 변화시키려고 쏟은 노력만큼 결과가 나오지 않는 상태, 즉 수확체감diminishing return으로 나타난다. 자동차의 브레이크를 밟았을 때, 브레이크가 가하는 압력의 영향이 점점 줄어든다고 상상해보자. 브레이크를 아주 살짝 밟았을 때는 속도가 상당히 느려지지만, 세게 밟을수록 그 효과는 점점 줄어든다. 끝내 꽉 밟아도 차는 멈추지 않는다. 평균 이하의 임금 수준 때문에 퇴사율이 늘고 있는데, 기업이 근무 환경 개선에 투자할 때 수확체감이 일어날 수 있다. 쾌적한 근무 환경이나 유연한 재택근무가 제공되고 있었다면 스타벅스 기프트 카드를 추가한다고 해서 큰 영향을 미치지는 않을 것이다. 즉, 조직 시스템의 잠재적 비선형성을 늘 예의주시하고 있어야 한다. 작은 변화가 부정적인 영향이나 수확체감으로 이어질 수 있다는 점을 얕봐선 안 된다.

티핑포인트는 합리적 수준의 선형 구조를 유지해오던 시스템이 한계에 도달해, 변화가 비선형적이고 되돌릴 수 없는 속도로 급격히 일어날 때 발생한다. 기후변화가 티핑포인트가 초래할 잠재적 위험을 보여주는 최악의 사례다. 과학자들은 기후 조건이 한계에 이르러 지구 환경이 생명체가 살기 어려운 상태로 빠르게 전환될 수 있다고 우려한다.

이를 나타내는 기점 중 하나가 극지방의 빙하가 사라지는 현상이다. 흰색의 빙하는 상당한 태양 복사열을 우주로 반사한다. 빙하가 녹으면 진한 색의 토양이나 물은 태양열을 더 많이 흡수한다. 그러면 빙하가 녹는 속도와 지구 온도 상승이 더 빨라진다. 기후변화가 가져올 또 다른 티핑포인트는 극지대가 더 따뜻해지면서 발생한다. 과학자들은 현재 영구동토층에 갇힌 다량의 이산화탄소, 메탄가스와 같은 강력한 온실가스가 대기로 방출되는 사태에 대해 경고한다. 그러면 지구 온도는 더욱더 상승하고, 기후 시스템에 급작스럽고 극적이며 돌이킬 수 없는 상태가 될 가능성이 크다.

다행히 조직 변화는 그렇게 복잡하지도 잠재적으로 치명적이지도 않다. 심지어 조직의 티핑포인트에는 긍정적 측면도 있다. 사실 조직원들이 변화에 저항하는 것은 혁신이 충분한 진전을 이루면 줄어들거나 사라진다. 변화를 적극적으로든 소극적으로든 막으려던 사람들은 변화가 대세라는 사실을 받아들이고 살길을 찾거나 조직을 떠날 것이다.

적응형 조직을 설계하는 법

시스템 분석은 조직 모델을 설계하고 미래를 예측하는 데 주
로 사용하지만, 필수 프로세스 설계에도 활용할 수 있다. 코로
나19 백신 개발이 좋은 예다. 당시 수십억 회분의 백신이 제조
되어 전 세계로 공급되었다. 화이자와 바이오엔텍이 공동 개
발한 코로나 백신에는 280개 이상의 성분이 들어 있고, 성분
공급업체가 19개국에 퍼져 있다.[10] 과학, 의약품 개발, 공급망
관리에 대성공한 사례다.

단단하게 설계된 시스템은 **적응력**이 높다. 부상하는 위협과
기회를 알아보고 그에 맞춰간다. 많은 기업이 지나치게 관료
적이거나 부서 간 소통 부족해 위협과 기회의 출현을 제때 감
지하고 대응하지 못한다. 그렇게 기대만큼의 성적을 못 내거
나 파산한다.

《창의, 협업, 포용력으로 선도하는 디지털 세상Leading in the
Digital World: How to Foster Creativity, Collaboration, and Inclusivity》의 저자
아미트 S. 무커르지Amit S. Mukherjee는 나와 함께 체계적 시스템
을 공동 개발했다. 체계적인 시스템 설계가 조직의 적응력 향

상에 어떻게 도움이 되는지 자세히 살펴보자. 우선 몇 가지 기본적인 질문으로 시작하자. 조직 시스템에 핵심 요소는 무엇이고, 요소들은 어떻게 연결되는가? 가장 중요한 피드백 순환 고리는 무엇인가? 조직 설계가 조직에 어떤 의미가 있는가? 무커르지가 책에서 강조한 것처럼, 적응력의 기초는 변화를 **감지하고 대응**하는 능력이다. 변화를 알아채지 못하고 감지하는 순발력이 떨어지면 너무 늦은 순간까지 위협이나 기회를 볼 수 없다.[11]

위협 감지

잠재적 위협을 조직이 어떻게 감지하고 대응하는지 알아보자 (잠재적 기회 감지에도 비슷한 방법이 쓰인다). 조직에 최우선으로 필요한 것은 변화에 주목해 잠재적 위험을 식별하는 **위협 감지 하위 시스템**이다. 시스템 내부에 마련된 장치를 통해 중요한 패턴을 읽고 행동해야만 하는 '진짜' 신호와 이와 구분되는 배경 소음을 구별해야 한다. 그렇지 않으면 의미 있는 신호를 놓쳐 소극적으로 조처하거나 잘못된 신호에 속아 과잉 대응하게 된다.

위협 감지 하위 시스템에는 조직이 (사회, 규제 당국, 경쟁자 등) 외부 환경과 (조직의) 내부 환경을 탐색해 잠재적 위험 요인을 파악한 후, 조직 전체에 해당 위험 요인의 대응 필요성을 알리는 데 투입되는 모든 노력이 포함된다. 예컨대 인사팀은 직원들의 업무 몰입과 이탈 방지에 힘쓰고, 규제 당국 대응부서는 규제 및 입법 동향을 예의주시하고, 외부 홍보팀은 소셜 미디어를 감시하며, 전략팀은 경쟁사의 움직임을 놓치지 않고 관찰한다.

위협을 효과적으로 감지하는 데 필요한 많은 요소가 이미 조직에 마련되어 있을 수도 있다. 그렇다 하더라도 이 세 가지를 진단해야 한다. (1) 각각의 구성 요소가 중요한 패턴을 인식하고 최대한 신속히 피드백을 제공하는 데 효과적인가. (2) 그런 정보들이 적절히 통합되어 해석되고 있는가. (3) 조직의 전반적인 위협 감지 기능에 잠재적으로 위험한 공백은 없는가.

조직이 알아채지 못한 위협에 당황하거나 위협 인지가 너무 늦은 적이 있었는가? 위협 감지 하위 시스템은 예측은 하지만 인식하지 못해 실패하기도 한다. 이런 협상은 부서 간 협업 부

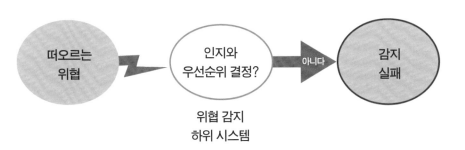

그림 3 위협 감지 하위 시스템

족으로 정보와 통찰이 통합되지 못하거나 인센티브 제도가 역
기능을 초래할 때 일어난다. 많은 기업이 조직 설계의 약점에
서 돋아나온 예측 가능한 돌발상황에 흔들린다.

위기 대응

업무 현장에는 예상하지 못한 놀라운 사건이나 '날벼락'이 있
기 마련이다. 정도가 심각하다면 당신과 당신 조직이 효과적
으로 대응해야만 하는 위기다. 위기관리 능력은 적응력 있는
조직이 꼭 갖추어야 할 두 번째 하위 시스템이다. 조직 전체가
힘을 모아 잠재적 피해를 최소화하기 위한 방어기제다. 보통
별도의 조직구조와 프로세스가 개입해, 조직은 '평상시 운영
방식'에서 '전쟁 수행' 모드로 전환된다. 이는 신속하고 일관적
으로 위기에 대응하기 위해 중앙 통제를 강화하는 체제를 의
미한다. 우수한 위기관리 체계에는 즉시 사용할 수 있는 통신
규약과 시나리오가 포함된 모듈식 대응 계획과 같은 문제 해

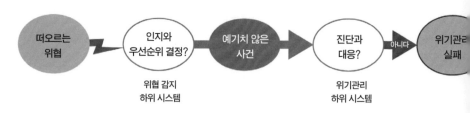

그림 4 │ **위협 감지 하위 시스템과 위기관리 하위 시스템이 연결되는 방법**

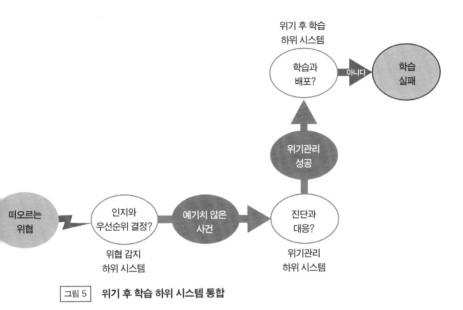

그림 5 **위기 후 학습 하위 시스템 통합**

결 장치가 포함된다.[12] 모듈식 대응 계획이란 시설 폐쇄나 대피처럼 개별 상황에 맞는 통신 방식과 규약을 마련해놓는 것이다.

경험을 통한 학습

조직은 위기를 돌파한 다음, 평상시로 복귀하는 것이 아니라 무엇을 배웠는지를 점검해보는 시간을 가져야 한다. 아울러 조직의 향후 위협 감지와 위기관리 능력 강화를 위해 위기를 돌파하며 얻은 교훈을 응축해 조직에 전파하는 규율과 프로세스도 마련해야 한다. 이는 미 육군에서 지휘관들이 전투 후 전

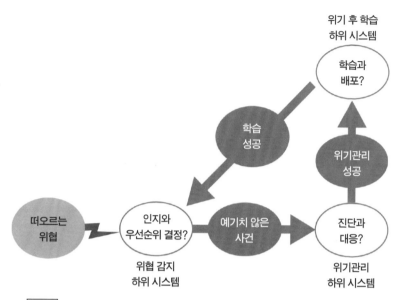

학습과
배포?

학습
성공

위기관리
성공

떠오르는
위협

인지와
우선순위 결정?

예기치 않은
사건

진단과
대응?

위협 감지
하위 시스템

위기관리
하위 시스템

그림 6   **위기 후 학습 하위 시스템에서 얻은 교훈과 통찰이
조직 내 다른 하위 시스템을 지원하는 방법**

투를 되돌아보고 배울 점을 찾는 '사후검토'와 유사하다. 미 육
군은 그 과정에서 얻은 통찰과 교훈을 '육군학습 교육센터'라
는 정보관리소에 수집해 장교 교육에 활용한다.[13]

향후 문제 예방

조직에 갖추어진 위협 감지 하위 시스템이 위협을 식별하고
제 기능을 한다면 어떨까? 새롭게 발생한 문제와 위기를 막으
려면 조직은 어느 정도의 감지 능력과 선제 대응력이 필요할

까? 당신의 조직에는 **사후적으로** 대응할 필요 없이 **선제적으로** 행동을 취하는 문제 예방 하위 시스템이 필요하다. (막을 수 있었다고 생각하는 문제가 위기를 만들기 때문이다.)

　요약하면, 조직 내외에서 일어나는 일을 효과적으로 감지하고 대응하는 적응형 조직을 구축할 때, 조직 전체 시스템에 서로 다르지만 상호 연결된 네 가지 하위 시스템이 있어야 한다는 것이다.

- **위협 감지**: 새로운 위협을 인지하고, 대응 우선순위 결정
- **위기관리**: 위기를 초래하는 돌발상황의 진단과 대응

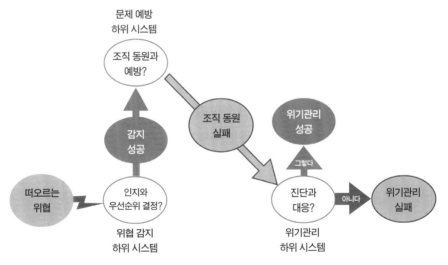

그림 7 | **문제 예방 하위 시스템 통합**

- **위기 후 학습**: 위기를 되돌아보고, 향후 불필요한 문제 예방하는 학습 내용 전파
- **문제 예방**: 인지해서 우선순위를 정할 수 있는 위협이 미칠 영향을 피하기 위한 자원 동원과 선제적 조치

하위 시스템들이 원활히 설계되어 의도대로 작동하면, 세상이 끊임없이 격변해도 당신의 조직은 승승장구할 수 있다.

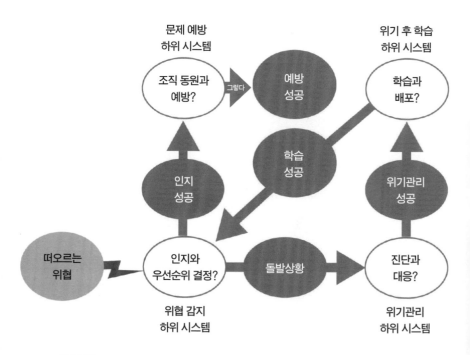

그림 8 | 상호 연결된 네 가지 하위 시스템

이제까지 조직이 위협을 어떻게 해결해야 하는지를 다루었다. 잠재적 기회를 인지하고 대응하는 데도 똑같은 논리를 적용할 수 있다. 전략적 사고를 구현하는 사람들은 문제 대응 능력은 물론, 새로운 기회를 '간파'하는 능력도 겸비하고 있다.

기회를 활용하려면 우선 기회를 알아봐야 한다. 그 능력을 통해 파악한 기회가 장래성이 있고 화급한 사안이라면 신속하게 추진한다. 기회를 잡아 성공으로 이끌면 경쟁사들을 제치고 업계 선두기업이 될 수도 있다. 신상품 출시와 같은 기회를 추진하려다 실패했다고 해도 조직은 그런 경험을 통해 교훈을 얻는다. 평상시에도 작은 기회들을 찾아 조직을 개선해야 한다.

궁극적으로, 뛰어난 전략적 사고자가 꾸준히 키워나가야 할 네 가지 역량은 (1) 패턴 인식과 시스템 분석을 통해 도전과 기회를 감지하는 능력 (2) 예측할 수 없는 돌발상황이 낳는 위기에 대처하는 능력 (3) 그런 경험에서 교훈을 끌어내는 능력 (4) 애초에 문제가 발생하지 않도록 예방하는 능력이다.

자기 점검

당신 조직이 적응력을 높일 수 있는 가장 큰 기회는 무엇인가? 그 기회를 어떻게 활용할 것인가?

시스템 모델은 시스템 모델로 분석하려는 영역의 필수 기능과 역학을 포착했을 때만 유용하다. 이를 모델의 **정확도**fidelity라고 한다. 시스템 모델의 정확도가 떨어지면 중요 변수를 놓치거나 핵심적인 힘의 역학을 잡아내지 못한다. 또한 시스템 모델은 설계 당시의 가정만큼만 유효하다. 모델이 지나치게 단순하게 설계되었다면, 모델의 예측은 위험할 수 있고, 잠재적으로 심각하고 의도하지 않은 결과로 치달을 수 있다.

따라서 당신이 만든 모델의 한계를 알고 있는 것이 매우 중요하다. 잘 만들어진 모델은 100퍼센트까지는 아니더라도 모델이 이해하려는 영역과 상관성이 짙다. 올바르게 예측하는 능력은 정확하고 완전한 정보를 적시에 확보하는 데 달려 있다. 인간의 사고는 인과관계를 단순한 선형 고리로 보려고 한다. 하지만 선형 분석 모델은 특정 시스템의 역학이 비선형이거나 갑자기 상황이 뒤집힐 수 있는 '티핑포인트'가 있다면 들어맞지 않는다. 마찬가지로 뜻밖의 변화구도 우리가 설계한 모델을 통째로 무너뜨릴 수 있다.

변화를 눈치채지 못해 심각한 문제가 빚어질 수도 있다. 구식 모델은 아예 모델이 없는 것보다 더 위험할 수 있다는 뜻이다. 급박하게 돌아가는 오늘날의 기업 환경에서는 현재 모델을 업데이트하거나 폐기할 필요성도 늘 인지해야 한다. 단지 새로운 정보를 습득하는 정도가 아니라 구식 모델을 완전히 **잊어버려야** 한다. 그러려면 구식 모델이 불완전하거나 효력이 다했다는 점을 깨달아야 한다. 그래야 그다음 목적에 부합하는 새로운 모델을 찾고 개발할 수 있다. 마지막으로 새로운 사고 습관을 키우고, 낡은 사고방식에 기대는 경향을 뿌리치려고 노력해야 한다.

시스템 분석을 더 잘하는 법

가치 있는 대부분의 일이 그렇듯, 시스템 분석에 능숙해지려면 노력이 필요하다. 한 조사에 따르면, 전 세계 인구의 95퍼센트가 문제 해결에 있어 단순한 인과관계만을 따져보는 데 지나치게 익숙해 시스템 측면에서 사고하지 못한다고 한다.[14] 지극히 일부만이 큰 그림을 본다는 사실이 전략적 사고를 하는 사람들이 가진 전략적 우위를 부각한다. 공학과 과학을 공부한다면, 시스템 분석의 기초를 익힐 수 있다. 당신이 그 교육을 받지 않았더라도 괜찮다. 이름은 다를지 몰라도 당신은 이미 시스템 모델링을 해봤을 것이다. 학교 다닐 때 물의 순환을 배우며 들어본 증발, 응결, 강수, 증산을 기억할 것이다. 어린아이들은 실험을 통해 시스템 분석 능력을 빠르게 발달시킨다.[15]

시스템의 경계를 명확히 잡는 것이 모델링의 첫 단계다. 경계는 명확성을 의미하고 복잡함을 줄인다. 하지만 경계를 너무 좁게 설정하면 잠재적인 연쇄반응을 놓칠 수 있다. 반대로 경계가 너무 넓으면 쏟아지는 데이터에 대한 의미 있는 통찰이 파묻힌다. 천편일률적인 답은 없다. 경계의 범위는 문제마다 다르다.

다음 단계는 문제가 무엇인지, 문제의 발생 이유와 (A가 B를, C가 A를 초래한다 같은) 발생 양상이 무엇인지를 도식화하는 것이다. 그러면 시스템이 얼마나 복잡하게 작동하는지가 보여 시스템을 성공적으로 변화시킬 수 있다. 시스템 측면으로 사고하는 (그래서 미래를 내다보는) 법을 배우는 훌륭한 방법은 다른 요소들이 어떻게 연결되었는지를 시각화한 **인과 고리 도표** casual loop diagram를 그려보는 것이다. 그러면 시스템에 대한 이해가 깊어져 머릿속의 멘탈 모델을 더 잘 검증할 수 있다. 동료에게 조언을 구해 이미 세워놓은 모델을 더 엄격하게 다듬는 것도 한 방법이다.

세 번째 단계는 시스템에 해결할 제약 요소들이 있는지를 평가하는 것이다. 예를 들어, 경영진이 필요한 역량 구축에 추가 투자할지와 같은 문제다. 다양한 해법을 고민해보고 시뮬레이션, 실험, 시제품 등을 활용해 각각의 해법이 지닌 잠재적 실효성을 평가한다. 성공 가능성이 평가되어야 결정을 내릴 수 있다. 해법이 실패할 수도 있지만, 전략적 사고자는 원하는 결과를 이룰 때까지 이 과정을 반복한다.

나날이 복잡해지는 세상에서 신뢰할 만한 예측은 불가능하지 않더라도 엄청나게 힘든 일이다. 회사가 장차 대면할 모든 가능성을 예측하자는 것이 아니다. 지금처럼 변동성이 크고 모호한 세상에서는 불확실성 자체를 평가하는 능력이 더 중요하다. 그 평가가 당신의 직관을 더 날카롭게 해주고, 당신이 더 나은 선택을 하도록 돕는 의미 있는 시각을 제공할 것이다.

　연습을 통해 시스템 분석 능력을 연마해야 한다. 시뮬레이션은 훌륭한 연습 방법이다. 안전한 실험을 하며 인과관계에 대한 통찰을 얻을 수 있는, 감당할 수 있는 수준의 복잡한 환경을 제공하기 때문이다. 게다가 실제가 아니어서 여러 차례 시도해볼 수 있다.

요약

시스템 분석은 패턴 인식 능력을 바탕으로 하고, 그 능력을 활용하는 전략적 사고 훈련법이다. 당신의 조직이 운영되는 생태계에 맞춤한 모델 제작을 도와 복잡성을 관리하는 핵심이다. 조직을 시스템으로 모델화하면 조직의 핵심 요소와 요소 간 상호작용에 대해 더 엄밀히 사고할 수 있고, 문제를 정확히 진단해 해법을 낼 수 있다.

다음 장에서는 세 번째 훈련 방법을 다룬다. 설계한 모델을 지원해 전략 수립에 도움이 되는 **정신적 민첩성** 훈련에 대해 살펴보자.

시스템 인식 점검표

1. 조직 사업 분야에 이해하기 복잡한 부문이 있는가? 그렇다면 시스템으로 이해해 접근하는 것이 도움이 되는가?

2. 당신이 이끄는 조직을 시스템으로 바라보는 것이 필수 역학을 이해해 문제를 진단하고 변화를 이끄는 데 도움이 되는가?

3. 시스템 사고를 함에 있어 주요 레버리지 포인트, 제약 요인, 피드백 순환고리는 무엇인가?

4. 시스템 분석을 활용해 당신의 조직을 적응력이 더 좋은 조직으로 만들 수 있는가?

5. 시스템 분석 적용 능력을 어떻게 키워나갈 것인가?

더 읽을책

— 피터 센게,《학습하는 조직》, 강혜정 옮김, 에에지21, 2014.

— 도넬라 H. 메도즈Donella H. Meadows,《시스템 안에서 사고하라 Thinking in Systems: A Primer》, Chelsea Green Publishing, 2008.

— 스티븐 슈스터Steven Schuster,《시스템 사고의 기술The Art of Thinking in Systems: A Crash Course in Logic, Critical Thinking and Analy-sis-Based Decision Making》, independently published, 2021.

3장

정신적 민첩성 훈련

전략적으로 노련한 사고자는 조직을 둘러싼 복잡성을 민첩하게 헤쳐나가며 새로운 정보를 흡수해 가장 의미 있는 정보에 집중한다. 패턴 인식과 시스템 분석은 탄탄한 전략을 개발하고 변화하는 상황에 맞게 전략을 조정하는 토대다. 두 가지 역량을 키워나갈 세 번째 훈련은 정신적 민첩성 훈련이다. 복잡성, 불확실성, 복잡성, 모호성이 날로 커지는 가운데 조직이 나아갈 최선의 방법을 끝없이 다시 생각하게 하는 역량이다.

정신적 민첩성은 상호보완적인 두 가지 인지 능력에 의존한다. 첫 번째는 **고도 전환**level-shifting 능력이다. 이는 다양한 수준의 분석을 이용해 도전적인 사업 환경을 탐색하는 능력이다. 숲과 나무를 동시에 보고, 그 숲과 나무의 향후 발전 양상을 예측하고, 현재에 미치는 의미를 이해하는 능력이며, 문제의 높낮이에 맞게 의도적으로 물 흐르듯 움직이는 능력이다.

또 다른 축은 **게임 수행**game-playing 능력이다. 조직이 수행해야 하는 '게임'에 집중해 똑똑한 '선수들'의 행동을 예측하고, 전략 수립에 반영하는 능력이다. 당신의 조직이 취하는 모든 행동에 고객, 공급사, 경쟁사, 규제 당국 등이 즉각 반응한다. 신상품을 출시하면 경쟁사는 어떻게 반응할까? 다른 기업을 인수하면 관련 정부 기관은 어떤 이의를 제기할까? 새로운 인센티브 제도를 도입하면 인사부는 어떤 반응을 보일까?

고도 전환 능력과 게임 플레이 능력이 합쳐지면, 새로운 위험과 기회를 재빠르게 파악해 적절히 대응할 수 있다.

고도 전환 학습

고도 전환은 1만 5,000미터 상공에서 지상을 내려다보다 '가까이 내려가 지상의 모습을 속속들이' 살펴본 후 다시 원래 고도로 올라오는 것으로, 같은 상황을 다른 높이에서 분석하는 능력이다. 이는 전략적 사고에 꼭 필요한 요소로, 아트리움 헬스의 최고경영자 우즈는 이렇게 말했다.

직원들에게 '구름 위와 지상에서 동시에 생각'하라고 합니다. 조직 내부 상황을 모르면 당신이 시도하고자 하는 일에 그 조직의 상황이 도움이 될지 걸림돌이 될지 분간할 수 없고, 견고한 전략을 짤 수 없습니다. 저는 직원들과 어떤 전략을 논의하든, 구름 위와 지상을 여러 차례 오갑니다.

고도 전환 능력을 통해 미래와 현재에 동시에 집중할 수 있다. 이는 핵심 업무 능력이다. 한 글로벌 의료업체 전직 인사 담당자는 이렇게 설명한다.

조직을 이끌다보면 일상 업무에 매몰되어 사소한 일에 빠져드는 일이 빈번합니다. 사고의 상당량을 미래 전략에 할애해 조직이 목표를 달성하는 데 도움이 될 일을 해나가야 합니다.

고도를 자유롭게 조절할 수 있다면, 상호보완적인 다양한 관점에서 도전과 기회를 탐색할 수 있다. 모든 각도에서 상황을 들여다보고 주변 의견도 수용하는 태도로 더 나은 결정을 내릴 수 있다. 최고의 전략적 사고자는 다양한 분석 단계를 유동적으로 옮겨 다닌다. 나무를 봐야 하는 사람들이 제대로 일할 수 있도록 특정 사안을 깊이 파고들고, 다시 산을 볼 수 있는 지점으로 올라가 큰 그림을 생각할 수 있다.

무엇보다 이들은 언제 단계를 옮겨갈지를 정확히 알고 있다. 우즈는 이렇게 말한다.

언제 구름 위에서 봐야 하고, 언제 지상으로 내려와야 하는지를 알아야 합니다. 지상에 너무 오래 머무르면 사소한 일들의 늪에 빠져버립니다. 하지만 지상에 있어야 할 때 구름 위에 있으면 전략 추진에 필요한 통찰을 얻을 수 없습니다. 정확히 어느 높이에서 날아야 하는지를 헤아릴 줄 알아야 합니다.

고도 전환을 잘하지 못한다면 전략적 사고도 잘할 수 없다. 미국 화학 기업 다우 케미컬의 전 최고경영자 마이클 파커Michael Parker는 이렇게 설명한다.

저보다 IQ가 훨씬 높은 많은 이들이 리더가 되지 못하는 걸 봐왔습니다. 말도 잘하고 지식도 풍부한 사람들입니다. 이들은 지식 수준이 높을지 몰라도, 시스템 안에서 벌어지는 일들은 정작 놓칩니다.[1]

고도 전환 능력을 키우고 활용하는 과정은 주변 사람들과의 협업으로 이루어진다. 당신이 고도를 위아래로 빠르게 옮겨 다니는 사이, 팀원들은 혼란에 빠질 수 있다. 얼마 전 제약회사에서 임기를 시작한 최고경영자는 자신의 '확장 능력'이 순식간에 커졌다가 작아졌다 하는 바람에 몇몇 부하 직원들이 '정신적 혼란'을 겪었다고 한다. 고도 전환 능력은 그녀의 성공에 결정적인 역할을 했다. 그녀는 비전과 전략을 세우는 데 뛰어났다. 동시에 회사가 제조하는 약들, 그 약을 먹는 환자들, 그 약을 처방하는 의사들에 대해서도 잘 알고 있었다. 직원들은 그녀가 쏟아내는 여러 수준의 분석을 따라가기를 버거워했다. 그녀는 말했다. "비행 고도를 변경할 때 미리 알려줘야 한다는 점을 배웠습니다."

> **자기 점검**
> 당신의 고도 전환 능력은 어느 정도인가? 구름에 쌓여 큰 그림을 주로 보려고 드는가, 아니면 지상에서 세부 문제에 엉켜 있는가?

이기는 게임

정신적 민첩성의 또 다른 축인 게임 플레이는 '전략의 과학'이라고도 알려진 게임 이론에 뿌리를 두고 있다. 기업 성공을 좌우하는 '게임'에 참가해 이기기 위한 전략을 짜는 것을 말한다. 이 게임의 참가자 중에는 경쟁사와 같은 지능적인 선수가 있다. 이들은 당신처럼 목표를 달성하기 위해 일반적인 '수'는 물론 '반대 수'도 둔다. 우즈는 기업을 이끌어간다는 것에 대해 말한다.

마치 여러 체스 게임을 동시에 하는 것 같습니다. 기업을 둘러싼 환경에는 정치인, 규제 기관, 경쟁사, 고객과 같은 다른 선수들이 있지요. 어떤 선수는 통제할 수 있고, 또 어떤 선수에게는 영향력을 행사할 수도 있고, 자유 계약 선수도 있습니다. 하지만 이들 누구도 체스판에서 절대 가만히 있지 않습니다.

이러한 게임에는 가치 창출을 위한 협동과 가치 포착을 위한 경쟁이 잇따른다. 게임에서 가치 창출은 상호보완적 목표를 추구하는 다른 선수들과 연대를 맺으며 실현된다. 전형적인 예는 여느 업계에나 존재하는 조합으로, (간혹 이견을 가진 조합 내 소수 분파가 조합이 추구하는 바와 다른 목표를 추구하지만) 조합 구성원이 힘을 합쳐 모두에게 이로운 방향으로 규제를 이끌어 갈 때다.

반면, 가치 포착은 선수들끼리 경제적 가치가 있지만 크기가 한정된 '파이', 즉 시장을 점유하려고 경쟁할 때 일어난다. 좋은 예는 성장이 더딘 산업에서 경쟁업체끼리 수익을 극대화하려고 노력하는 것이다. 업체들은 가격과 마케팅으로 경쟁한다. 물론 고도로 경쟁적인 산업에서도 약간의 암묵적인 (그리고 합법적인) 협조가 이루어질 수 있다. 상대의 수익성을 갉아먹는 가격 전쟁을 선포하는 일을 자제하는 식이다.

따라서 전략적 사고자라면 아래의 사항을 지켜야 한다.

- 어떤 게임에 뛰어들었는지를 판단하라.

- 참가 선수들을 일일이 파악하고 이들의 관심사에 주목하라.
- 협조해서 기회를 창출하는 것과 경쟁해서 가치를 포착할 기회를 분간하라.
- 위에 모든 상황을 고려해 전략을 짜라.

게임 이론 적용하기

수학에 기초한 게임 이론은 정교한 분석을 근거로 한다. 이는 시장의 수요와 소비자의 선호에 따라 탄력적으로 가격을 결정하는 동적 항공 좌석 가격 관리와 같은 기업 문제에 효과적으로 적용되었다. 게임 이론은 현실적으로 기업의 의사결정을 수학적으로 표준화할 수 없다는 것을 함의한다. 게임 이론 원칙은 전략적 사고를 하는 사냥꾼이 화살집에 넣어야 하는 화살과 같다.

　게임 이론이 가진 힘을 이해하기 위해 게임 이론의 개념을 활용해 전략을 개발하는 방법을 살펴보자. 첫 번째 개념은 **선발자 이익**first-mover advantage이다. 체스의 경우, 선수들이 차례로 번갈아 수를 두므로 누군가는 최초로 말을 옮겨야 한다. 첫 수를 두는 선수는 그 첫수가 이득이 될까? 체스에서의 답은 '그렇다'다. 연구에 따르면, 첫수를 두는 선수가 실력이 비슷한 상대보다 유리하고, 전반적으로 52~56퍼센트의 승률을 보인

다고 한다.[2]

경영에서 선발자 이익이란 신규 시장을 가장 먼저 진입했을 발생하는 이익을 말하고, 선발자는 경쟁업체들보다 더 높은 매출과 수익, 가치를 얻게 된다.[3] 어느 게임이든 누가 먼저 선수 치느냐는 잠재적 힘의 근원이고, 먼저 시작하면 우위에 서게 된다. 특정 업계에 합병이 대세일 때 승승장구하는 기업은 매력적인 합병을 가장 먼저 하는 기업이다. 첫수가 유리한 게임을 할 때는 이를 일찌감치 알아채는 것이 핵심이다.

여기서 다시 패턴 인식의 중요성이 드러난다. 조직에서는 대개 누가 먼저 문제를 표면화하고, 구체화냐에 따라 입지가 결정된다. 조직의 의사결정 과정은 강물의 흐름과 같다. 문제 해결을 위한 중요한 결정은 대안을 찾고, 그 대안으로 얻을 혜택과 치러야 할 대가를 평가하는 데 도움을 주는 프로세스에 크게 영향받는다. 문제와 문제 해결 방법이 구체적일 때 최종 선택은 이미 예견된 결론일 수 있다. 모두에게 중요한 문제를 해결하기 위해 먼저 나서서 팀을 짜는 사람은 해당 그룹의 지지를 얻는다.

물론 선발자로 나서는 일이 늘 최고의 전략은 아니다. 가끔은 패스트 팔로워fast follower가 더 나은 선택일 수 있다. 당신이 제약회사의 연구개발R&D 팀을 이끌고 있는데, 약품 개발 초기 단계에 혁신적으로 가속도를 붙일 새로운 분석 기술이 등장했다고 하자. 하지만 개발을 위한 투자 비용이 만만치 않고, 해당 기술이 구현될 가능성도 희박하다. 당신은 이 기술 개발에 뛰어들어(즉 선발자가 되어) 잠재적 경쟁 우위를 점할 수도 있다. 혹은 스타트업이 해당 기술을 개발하는 것을 지켜보다가 그중 하나를 인수하거나 기술 검증이 끝난 시점에 뛰어난 인재를 채용할 수도 있다(패스트팔로워가 되는 것이다).

많은 게임에서 선수들은 직접 의사소통할 수도 없고, 그것을 원하지도 않기 때문에 간접적인 **시그널**signalling을 선택한다. 경쟁업체 간에 이루어지는 가격 담합은 불법이다. 하지만 기업들이 가격을 올리거나 내릴 결정을 하고 경쟁업체에 시그널을 보내는 일은 '합법'이다.

게임 이론에서 중요한 **안정 균형**stable equilibrium개념을 빌려한 산업을 살펴보자. 균형은 게임 참가자 누구도 가치 창출과 포착을 위해 현재 전략에서 이탈할 동기가 없다는 뜻이다.[4] 해당 산업 기업들은 균형 유지에 도움이 되는 가격, 상품개발 전략 덕분에 안정적인 시장 점유율과 수익을 유지하고 있다고 상상해보자. 또한 산업의 균형이 안정적인 이유는 (가격을 내려 시장 점유율을 늘리려는 시도와 같은) 어느 한 업체의 일탈이 효과적으로 응징되기 때문이라고 가정해보자.

갑자기 물가가 치솟아 원자재 비용과 인건비가 상승해 모든 업체의 수익이 타격을 받았다. 모두 가격을 올리려고 할 것이다. 관건은 누가 먼저 가격을 올릴 것이며, 경쟁업체들은 어떤 반응을 보일까다. A기업이 가격을 올리면, B기업은 시장 점유율을 노리고 가격을 안 올릴 수도 있다는 위험이 따른다. A는 B가 따라올지를 보려고 한 상품만 가격을 인상하겠다고 알린다. B가 따라오면 A는 다른 상품들도 전반적으로 가격을 올린다. 그렇게 업계 전체가 새로운 균형을 찾아 안정적으로 이동한다.

앞서 언급했듯이 시그널을 다른 선수들이 바람직하지 않은 행동을 못 하도록 억제한다. 가격 인상의 사례로 다시 돌아가, B가 A의 시장 점유율을 빼앗으려는 목적으로 중요한 상품군의 가격을 일방적으로 내리기로 했다고 가정해보자. A는 더 과감한 가격 인하로 업계 전체의 수익성에 타격을 입히겠다는 시그널을 보낸다. '시그널에 담긴 위협이 실현될 수도 있다고 인식하는 가정하에' A는 상호 파괴적인 가격 전쟁으로 치달을 수 있다고 으름장을 놓아 B의 일탈 행동을 억제할 수 있다.

마지막으로, 시그널은 번복할 수 없는 약속을 통해 다른 선수들의 잠재적으로 바람직하지 않은 행동을 막는 효과가 있다. 이는 선발자 이익의 한 형태이기도 하다. 당신이 이끄는 기업이 업계를 주도하는 전기차 제조업체라고 해보자. 시장에 일찌감치 뛰어들어 탄탄한 입지를 다져났지만, 기존 자동차 제조업체들, 사모펀드 투자를 등에 업은 스타트업들과의 경쟁이 점점 치열해지고 있다.

전기차 설계와 생산에는 상당한 초기 투자가 필요하고, 다른 선수들은 감당할 만한 리스크라는 결론에 도달했을 때만 초기 투자를 감행할 수 있다. 당신은 대규모 배터리 생산 공장을 짓겠다는 계획을 발표한다. 단호한 계획에 신빙성을 더하기 위해 용지를 매입하고, 당국의 사전 승인을 받고, 주요 공급업체와 계약도 체결한다. 다른 선수들이 당신의 단호함을 확신할 수 있게 만든다면, 그들의 위험 편익 평가risk-benefit assess-ment도 방향을 바꿔 투자하지 않는 쪽으로 바뀔 수 있다.

게임 이론은 선발자가 될 것인가와 어떻게 선제적으로 움직일지(혹은 신호를 보낼지)를 정하는 것 외에도, 소위 **순서화** sequencing를 통해 최선의 수 조합을 짜는 데도 활용된다. 예를 들어, 당신이 한 사업부를 이끌고 있다고 하자. 꽤 규모가 있는 인수 건을 성사하는 데 기업 의사결정권자들의 지지가 필요하다. 분명 평가와 심사 절차가 있을 테지만, 정치적 지지도 중요하다. 핵심 의사결정권자가 누구고, 그 핵심 의사결정권자의 판단에 누가 영향을 미칠지도 전략적으로 고려해야 한다. 그다음 인수와 관련된 이해당사자들을 설득할 순서를 정한다. 그 순서를 밟아가는 목적은 원하는 방향의 추진력을 얻기 위해서다. 핵심 인물을 내 편으로 만들면 그 외의 결정권자들의 지지를 얻기 쉽다. 지지 기반이 넓어지며 성공 가능성이 늘어나 더 많은 사람이 지지하고 나설 수 있다.

이 사례에서 당신은 적과 게임하는 것이 아니다. 대부분의 중요한 게임에는 손을 잡고 가치 창출을 하거나 경쟁을 통해 가치를 포착해야 하는 똑똑한 선수들이 있다. 다른 선수가 당신의 움직임에 어떻게 반응할지를 늘 고려해야 한다.

'게임 트리game tree' 도표[5]가 순서화를 통해 최선의 수를 조합해가는 절차를 이해하는 데 큰 도움이 될 것이다. 당신이 시장에서 가장 인기 있는 자사 상품의 가격을 인상하려고 생각 중인데, 주요 경쟁업체가 있다. 당신은 가격 인상 발표를 할지 말지 결정해야 하지만, 결정을 내리기 전에 그 경쟁업체가 어떻게 나올지를 예측해야 한다. 해당 업체는 가격을 인상하거나 인상하지 않을 수 있다. 당신은 그 경쟁업체가 어떤 결정을 내릴지, 각각의 경우 어떤 대응을 할지 따져봐야 한다. 즉 두 가지 선택의 개별 확률을 예측해야 한다. 당신이 경쟁업체가 가격 인상을 따라 할 가능성이 50대 50이라고 생각했다고 해보자. 그러면 각각의 선택 가능성은 0.5가 된다. 다음 단계에서는 같이 가격을 올릴 때 경쟁업체가 수익증대로 얻을 잠재적 혜택과 가격을 올리지 않아 시장 점유율을 뺏겨 치러야 할 잠재적 대가를 평가해야 한다.

게임 트리를 펼쳐보자. 당신이 놓을 수와 상대의 수를 순차적으로 그려보면 조직이 **기대할 수 있는 가치**를 극대화하는 노선을 결정할 수 있다. 경쟁사의 대응 확률을 50대 50으로 봤다면, 경쟁사가 가격을 올리지 않아서 치러야 할 대가보다 가격 인상으로 얻을 혜택이 더 크기 때문에 당신은 가격 인상으로 이득을 본다. 즉, '기대 가치 = 0.5 × 혜택 + 0.5 × 대가'이고, '혜택 > 대가 = 기대 가치 > 0'이다.

이렇게 다른 선수들의 반응을 예상하면서 출발점에서 목적지까지 가는 길을 그리는 식으로 순차적으로 전략을 수립할 수 있다. 반면, 게임 이론에서 **역순 귀납**backward induction은 앞을 내다보고 가고자 하는 지점을 명확히 정하고, 그 지점에서 역으로 현재까지를 추론하며 가장 이상적인 첫수를 결정하는 방법이다. 세계 최고의 체스 선수들은 경기 종료 상황을 머릿속에 그려놓고 다시 역추론해 종료 상황을 만들기 위한 최고의 계획을 수립한다.[6]

시대 계획era planning은 역순 귀납의 논리를 활용하는 훈련법이다. 시대의 지속 기간을 명확히 잡는 일이 첫 단계다. 다시 말해, 당신이 어느 정도까지 미래를 내다보길 원하는지를 정하는 것이다. 지금 같은 격변의 시기에 2~3년 이상의 미래계획을 세울 수는 없다. (2장에서 설명한 것처럼 잠재적 위협을 예측하고, 그에 맞는 고도의 계획을 수립하는 것이 중요하지만) 팬데믹, 전쟁, 극심한 기후변화 같은 중대한 격변이 닥치면 계획을 크게 수정해야 한다.

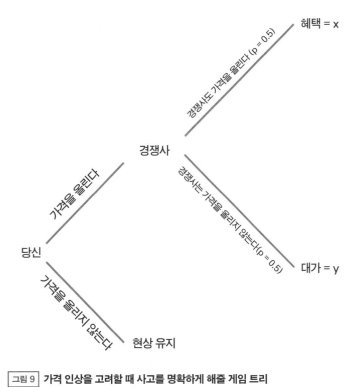

혜택 = x

경쟁사도 가격을 올린다 (p = 0.5)

경쟁사

가격을 올린다

경쟁사는 가격을 올리지 않는다(p = 0.5)

당신

대가 = y

가격을 올리지 않는다

현상 유지

그림 9 **가격 인상을 고려할 때 사고를 명확하게 해줄 게임 트리**

시대와 그 시대의 끝 지점도 정했다면, 다음 단계는 두 가지 차원, 즉 '무엇이 사실이 될 것인가'와 '무엇이 가능할 것인가'에 집중한다. 당신이 향후 3년 경력을 계획한다고 해보자. 당신은 중견 기업에서 영업과 마케팅 일을 이제 막 시작했고, 3년 동안 할 것으로 보인다.

'무엇이 사실이 될 것인가'는 그 업무를 하며 3년 후 무엇을 이룰 것인가다. 이에 대한 답은 어떤 업무 성과를 낼까를 고민하는 것이다. 그다음 단계에서 역순 귀납법을 적용해 그 목표 달성의 기초를 닦으려면 지금부터 6개월간 무엇을 할지를 구체화한다.

'무엇이 가능할 것인가'는 다음 단계에 최대한 선택의 폭을 넓히려면 지금은 무엇을 해야 하는지의 문제다. 가장 쉬운 방법은 최소 3년에서 최대 5년 이후의 자기 모습을 파악해보는 것이다. 최대한 명확하고 정확할수록 좋다. '지금 다니는 회사에서 최고경영자 되기'처럼 현재의 자연스러운 연장선의 모습일 수도 있다. '창업' 같은 조금 더 야심 찬 '틀을 깨는out of the box' 선택지를 만들어보는 것도 좋다. '무엇이 사실이 될 것인가'에서 했던 대로, 역순 귀납법 논리로 그 미래를 실현하려면 어떤 단계들을 차근차근 밟고, 어떤 선택지를 만들어가야 할지를 구체적으로 그린다.

역순 귀납법과 시대 계획은 조직의 전략 수립에도 효과적이다. 단계는 비슷하다.

- 계획 기간을 확립한다.
- '무엇이 사실이 될 것인가'와 '무엇이 가능할 것인가'를 전망한다.
- 목표 달성 기반을 마련하고, 단기적 실행 방안을 역추론한다.

이 접근법은 다음 장에서 자세히 다룰 조직의 통찰, 즉 비전을 개발하는 데도 도움이 된다.

자기 점검

당신은 당신이 몸담은 조직이 뛰고 있는 게임에서 전략적으로
행동을 수립하고, 행동 반응을 예상하는 데 얼마나 능숙한가?

두뇌 회전이 빨라지는 훈련법

두뇌 회전이 빠른 사람들은 타고난 것처럼 보이지만, 이는 훈련으로도 키울 수 있는 능력이다. 고도 전환을 잘하는 방법은 고도 전환이 무엇인지, 왜 꼭 필요한 능력인지, 어떻게 다듬어 갈 수 있을지를 인식하는 데서 출발한다. 앞서 전략적 사고 역량STC을 '재능+경험+훈련의 합'으로 요약한 것과 같은 맥락이다.

당신은 전략적 사고에 능한 사람들과 일하면서 고도 전환의 힘을 실제로 경험했을 가능성이 크다. 그렇지 않다고 해도 고도를 자유자재로 이동하는 '마음의 습관'을 키우기 위해 꾸준하고 철저히 훈련할 수 있다. 모든 상황을 늘 다양한 시각으로 보는 노력이 중요하다. 그 노력을 업무에 연결해 시스템 분석 능력을 쌓으려고 노력하라. 어떤 문제나 결정에 집중할 때면

잠깐 멈춰 '지금 시스템 차원에서 이 상황을 바라보면 중요한 역학을 명쾌하게 이해하는 데 도움이 될까?'라고 자문하라. 그러면 '시스템 전체를 바라보기'와 '구체적인 요소들과 그 요소들의 상호관계 파헤치기' 사이를 의식적으로 오갈 수 있다. 이때 너무 높이 날아오르거나 반대로 너무 낮게 날며 사소한 일에 묶이지 않아야 한다. 만약 그렇다면 의도적으로 당신 자신과 팀원을 다른 높이로 이동시키려고 노력하라.

이 기초적인 훈련으로 당신은 물론 팀원들이 모든 상황을 현재와 미래의 시각에서 접근하는 능력을 키울 수 있다. 이 능력을 키우는 과정에서 가까운 미래에 매몰되는 건 당연하다. 이렇게 자신에게 묻는 훈련이 중요하다. '이 상황이 한 달 후, 여섯 달 후, 일 년 후 어떻게 바뀌어 있을까?' 그다음 던질 질문은 '미래 관점에서 상황을 이해하면 현재 우리가 할 일이 명확해질까?'다. 이렇게 현재와 미래를 함께 고려하는 수위 조절 사고가 게임 수행에 필요한 빠른 두뇌 훈련과 연결된다.

게임 능력 개발에도 비슷한 방법을 사용한다. 내 행동과 상대의 반응을 예상하는 능력을 키우는 데 집중하라. 내가 'A'를 하면, 상대는 'B'를 할 것이고, 'X'를 하면 'Y'를 할 것이라고 사고하라. 자기 행동과 상대 대응의 연결고리마다 예상되는 몇 가지 '움직임'을 예상한 후, 거꾸로 돌아와 최선의 다음 수를 결정하려고 노력하라.

뇌 근육을 훈련하는 것 외에도 몇 가지 방법이 더 있다. 가끔 핸드폰으로 익명의 상대와 체스를 둔다. 내 수를 고민하고 상대의 수를 예측하는 습관이 몸에 배게 하는 것이다. 카드 게임도 사고력을 연마하는 좋은 방법이다. 기회가 있다면 온라인으로 브리지 카드 게임을 해보라. 시그널의 막강한 힘을 느낄 수 있을 것이다. 브리지 게임의 각 라운드는 입찰 과정을 통해, 팀이 가진 저력을 신호로 주고받는 것으로 시작한다.

복잡한 상황을 풀어나갈 때나 팀과 전략적 사고를 할 때, 시나리오 플래닝scenario-planning은 미래를 내다보고 잠재적 상황을 예측하는 강력한 도구다. 목표는 모든 가능한 시나리오를 고려할 정도로 시야를 확대하자는 것이다. 넓어진 시야에 조직이 직면한 위협과 기회가 더 잘 포착되고, 그러면 외부 중대 변화에 대응할 탄탄한 전략을 세울 수 있다.

팀원들이 전략적 사고 역량을 갖추길 원한다면 시나리오 플래닝 워크숍을 열어보는 것을 고려한다. 이 훈련을 통해 잠재적 미래와 그 미래가 의미하는 바를 두고 열린 토론을 할 수도 있다. 팀원 외에도 기업의 미래 방향과 관련해 전문성과 신선한 시각을 전달할 사람들을 초대하는 것도 좋다. 그러면 팀 내 창의성과 혁신을 자극할 수 있다.

시나리오 플래닝 워크숍 주최하기

《시나리오 사고Scenario Thinking》의 공동 저자 조지 라이트George Wright와 조지 케언스George Cairns는 시나리오 워크숍을 준비하는 8단계를 정리했다.[7]

1. 장차 중요해질 문제를 정의하고, 그 문제를 해결하는 데 걸릴 예상 시간을 정하라. 이때 이해관계자들을 인터뷰하면 문제를 둘러싼 더 넓은 맥락을 이해할 수 있다.
2. 전략적 환경에 변화를 일으키는 외부 요인을 파악하라. 우선 여러 사람의 관점부터 활용한 후, 팀 차원에서 핵심 사항을 구체화하라.
3. 기업 환경에 변화를 낳는 모든 변수를 한데 묶어라. 그러면 많은 정보를 뇌가 소화하기 쉬워진다. 이런 식으로 변수 간의 연결고리를 파악하면 하나의 변수가 그 외의 변수에 어떻게 영향을 미치는지 더 선명하게 볼 수 있다.
4. 변수들이 모여 상호작용하면서 일어날 수 있는, 극단적이지만 실현 가능한 두 가지 결과를 예측한 후, 핵심 사안에 각각이 미칠 영향력을 비교 평가하라.
5. 두 가지 예상 결과가 각각 어느 정도 실현 가능성이 없는지를 평가하고, 서로 독립적인지 시험하라. 그렇지 않다면, 가능성의 범위를 확장하기 위해 둘을 하나의 요인으로 묶어라.
6. 예상 결과가 여전히 타당한지를 확정하기 위해 논리, 비교, 정보 측면에서 격차가 있는지를 지금에 비추어 점검하라.
7. 결과를 최선과 최악의 시나리오로 나눠 각각의 핵심 내용을 정하고, 열띤 토론으로 가장 그럴듯한 미래를 선명하게 그려라.

8. 시나리오를 주요 사건, 연대기적 구조, '누가 그리고 왜' 일으키는지를 포함하는 이야기로 발전시켜라.

워크숍의 목표는 기업 환경의 외부 요인을 생각함으로써 위협과 기회를 명확히 이해하는 것이다. 여기서 리더는 변화하는 환경에서 조직의 강점과 약점을 고려할 수 있다.

워크숍을 열기로 했다면 대화를 깊게 끌고 갈 방법을 의도적으로 찾는다. 한가지 생산적인 방법은 소그룹을 여러 개 만들어, 여러 가지 대안을 두고 토론하고 합의에 다다르는 것이다. 이는 **변증법적 토의**dialectical inquiry라는 프로세스다. 또 다른 접근법은 **악마의 지원자**devil's advocacy라고 불린다. A그룹이 행동 방향을 제시하고, B그룹은 해당 제안에 담긴 모든 요소를 비판적으로 분석하는 것이다.

역할극도 의미 있는 예측에 효과적이다. 게임에 참가한 선수 간의 상호작용 시뮬레이션을 통해 행동과 행동 반응을 예상할 수 있기 때문이다. 마케팅 전문가 스콧 암스트롱Scott Armstrong도 역할극에서 가정한 시나리오가 실제 상황과 최대한 비슷하다면, 정확히 예측하는 데 꽤 효과적이라는 점을 밝혔다. 역할극에 경쟁사, 고객, 정부 기관 등 최대한 많은 이해당사자를 포함한다면 예측의 정확성을 더 높일 수 있다.

정신적 민첩성은 여러 업무 사이를 오가며 필요한 업무에 집중하고 탄력적으로 사고하는 능력이다. 전략적 사고 측면에서는 고도 전환 능력과 게임 운용 능력을 말한다. 고도 전환이란 같은 상황을 다양한 각도에서 바라보고, 다양한 분석 수준을 유동적으로 이동하는 능력이다. 게임 운용은 경쟁사들과 수행할 수밖에 없는 사활이 걸린 '게임'을 평가하고, 승리로 이끄는 법을 배우는 과정이다. 두 능력을 갖추면 더 멀리 보는 시야가 생기고, 이는 사업 전략 수립에 도움이 된다.

다음 장은 네 번째 전략적 사고 훈련법인 **체계적 문제 해결 훈련**이다.

정신적 민첩성 점검표

1. 조직이 마주한 도전과 기회를 다양한 관점이나 분석 수준으로 접근해야 할 가장 중요한 때는 언제인가?
2. 고도 전환 능력이 탁월한 리더를 알고 있는가? 그 리더에게서 배울 점이 무엇인가?
3. 고도 전환 능력을 키우기 위해 어떤 훈련을 할 생각인가?
4. 조직이 가치를 창출하고 가치를 포착하는 데 가장 중요한 게임은?
5. 선발자 이익, 시그널, 안정 균형, 순서화, 역순 귀납과 같은 게임 이론에서 파생한 개념이 당신이 더 나은 전략을 수립하는 데 어떤 도움을 줄 수 있을까?
6. 게임 플레이 능력을 키우기 위한 당신의 계획은 무엇인가?

더 읽을 책

— 애비너시 딕시트·배리 네일버프,《전략의 탄생》, 이건식 옮김, 쎌앤파커스, 2009.

— 윌리엄 스패니얼William Spaniel 지음,《게임이론 개론Game Theory 101: The Complete Textbook》, CreateSpace Independent Publishing Platform, 2011.

4장

체계적 문제 해결 훈련

앞서 인식과 우선순위 결정에 도움이 되는 세 가지 전략적 사고 훈련을 살펴보았다. 패턴 인식을 통해 무엇이 정말 중요한지 파악하고, 시스템 분석으로 복잡한 여러 영역에 대한 단순화된 모델을 구축하면 패턴 인식 능력이 한층 강화된다. 정신적 민첩성이 갖춰지면 도전과 기회를 다양한 각도에서 보면서 나의 행동과 상대의 반응을 생각할 수 있다.

이제부터 RPM 사이클에서 조직 동원 단계를 다룰 것이다. 문제 해결의 체계가 갖추어져 있으면, 문제의 모든 가능성을 치밀하게 따져본 후 최적의 해법을 끌어낼 수 있다. 비전은 멋진 미래를 알아보고, 조직에 그 미래를 실현하도록 동기를 부여하는 능력이다. 정치적 수완은 조직 내외의 정치 지형을 오

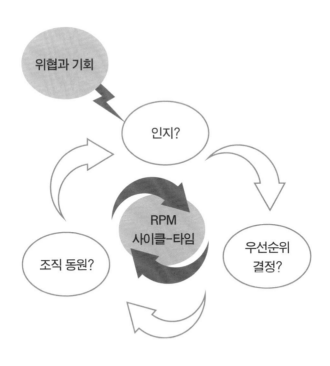

그림 1 **인지-우선순위 결정-조직 동원 사이클(RPM 사이클)**

가며 해법을 실행에 옮기기 위한 연대를 구성하는 능력이다.

'체계적 문제 해결'은 문제 해결 과정을 주요 이해관계자를 파악하는 것과 같은 개별적인 단계로 쪼개 문제의 구도를 잡고, 가능성 있는 몇 가지 해법을 도출한 후, 그중 최선의 해법을 채택하고 최종적으로 실행에 옮기는 솔루션이다. 전략적 사고자라면 조직을 향해 다가오는 새로운 도전과 기회에 적절히 대응하기 위해 체계는 물론, 창의성을 장려하는 문제 해결 프로세스를 주도해야 한다. 문제 해결에 지나치게 구도가 잡혀 있으면 새로운 관점이 비집고 들어갈 틈이 없어 창의적인 해법을 적용할 수 없다.

'문제'와 '결정'이란 무엇인가?

체계적으로 문제를 해결하려면 '문제'와 '의사결정'의 정의부터 이해해야 한다. '문제'라는 단어에는 부정적인 의미가 내포된 경우가 많아 기회보다는 위협이 떠오른다. 위협을 물리치든 기회를 적극적으로 활용하든 위협과 기회의 본질이 같다고보는 것이 중요하다. 마찬가지로 좋은 의미와 나쁜 의미를 모두 담기 위해 '문제 해결'의 정의도 확대해야 한다. 한편, '의사결정'은 평가 기준을 적용하고 절충안을 끌어내 상충하는 여러 가지 선택지 중에 문제에 맞는 해결책을 선택한다는 뜻이다. 체계적인 문제 해결은 위협을 무력화해 가치파괴를 막고, 기회는 활용해 가치를 창출할 해법을 찾는 프로세스다.

자기점검

현재 당신의 팀이 해결해야 할 가장 중요한 문제는 무엇인가?
그런 문제들을 해결할 때 어떻게 접근하는가?

'지독히 악마 같은' 문제는 왜 어려운가?

점심 메뉴를 고르는 일은 어렵지만, 문제라고 부를 수 없는 문제다. 조직이 잃을 것이 많이 얽힌 문제는 대개 새로운 유형의 문제로, 절대 단순하지 않다. 새로움과 복잡성이 결합한 이런 종류의 문제가 조직의 문제 해결 과정, 당신이 그 과정을 어떻게 이끌지에 영향을 미친다.

엄밀히 보면 당신이 그간 해결해온 문제들은 틀에 박힌 것이다. 비슷한 문제들이 생길 때마다 이미 완성된 절차에 따라 해법을 짜냈고, 판단과 창의성은 아주 조금 활용됐을 것이다. 하지만 경험하지 못한 문제가 발생하면 기존 해법서는 무용지물이 된다. 진짜 '문제'가 무엇인지 알아보기 어려울 때도 부지기수다. 이럴 때 (문제 공식화, 문제 발견, 문제 틀 잡기로도 알려진) 문제를 분명히 하는 일이 문제 해결의 시작점이다. 나는 이 단계를 '문제 틀 잡기problem framing'라고 부른다.

새롭다는 문제에 더해, 요즘 조직이 맞닥뜨리는 중요한 문제 대부분은 '지독한', 즉 해결하기 매우 힘든 문제들로, 복잡성, 불확실성, 변동성, 모호성이라는 요소를 다 갖춘 경우가 많다. CUVA를 다시 한번 정리한다.

- **복잡성**은 조직이 해결해야 할 문제들이 많은 요소와 그 요소들의 상호작용이 일어나는 시스템 안에서 일어난다. 인과관계

파악이 어려워 미래 예측도 힘들어지고, 어느 지점이 문제 해결의 핵심인지를 파악하기 힘들다. '문제가 복잡하면 최고의 시스템 모델 구축에 투자해야 한다.'

- **불확실성**이란 타당한 해법을 결정하고 절충안을 만들 때, 어느 정도 위험한지에 대한 확률 평가가 이루어져야 한다는 뜻이다. 이는 여러 이해당사자가 위험이 발생할 가능성과 어떤 위험을 선호하는지를 다르게 전망할 때 특히 어려워진다. 이렇게 되면 '최선'의 해법에 대해 의견이 분분해질 수 있다. '불확실할 뿐만 아니라 다양한 이해관계가 개입된 상황에서 문제를 해결하려면, 위험 확률과 위험 감수 측면에서 해결책 평가와 선택에 모두가 합의한 틀을 마련하는 편이 바람직하다.'

- **변동성**은 당장 해결하려는 문제의 심각성에 갑자기 변화가 생겨 그 중요성에 변화가 생기는 경우다. 뿐만 아니라 더 중요한 문제가 예고 없이 튀어나올 수도 있다. '변동성이 클 때 조직은 변화를 감지하고 재빠르게 문제 해결 우선순위를 재평가해야만 한다.'

- **모호성**은 이해당사자 간 '문제'에 대한 합의가 없거나, 문제가 있는지조차 모를 때 발생한다. 모호성은 바람직한 일련의 해법과 그 해법을 평가하는 데 사용되는 평가 기준에 대한 합의가 없다는 뜻이기도 하다. '모호성이 존재할 때, 당신은 잠재적으로 충돌할 관점을 중재해 이해당사자들이 문제의 틀을 잡고

평가 기준을 마련하는 데 합의할 수 있도록 교육해야 한다.'

체계적 문제 해결 프로세스가 절대적인 이유는 CUVA가 한 꺼번에 몰아닥치면 코앞에 닥친 문제에 압도당할 수밖에 없기 때문이다. 이게 당신이 CUVA 문제 해결 절차를 끌어갈 능력을 키워나가는 데 집중해야 하는 이유다. 당신이 이끄는 조직은 분명한 비교 우위를 선점할 것이다.

> **자기 점검**
> 조직이 문제의 틀을 잡고 해결해야 할 중요한 문제를 떠올려보라.
> CUVA 중 어느 요소가 가장 큰 문제를 일으키고 있는가? 그것이
> 의미하는 바는 무엇인가?

체계적 문제 해결 과정 이끌기

인간의 문제 해결 과정을 개념화하는 시도는 오래전부터 있었다. 1910년 미국의 철학자 존 듀이John Dewey는 저서 《하우 위 싱크》를 통해 비판적 사고에 요구되는 지적 탐구의 다섯 단계, 즉 '문제 인식, 문제 정의, 해법 모색, 구체화, 검증'을 설명했다.

이 다섯 단계를 조직에 적용하기 쉽지 않아 조직원 전체의 노력이 투입될 때가 많다. 소위 '해법'이 도출되었다 해도 추가

로 엄청난 자원 투입이 뒤따른다. 다시 말해, 조직 내부에서 이루어지는 문제 해결 절차는 듀이가 제시한 지적 탐구 과정과 근본적으로 다르다.

당신이 중대한 문제가 떠오르는 것을 인식해 그 문제를 중심으로 우선순위를 정했고, 자원을 동원해 문제의 틀을 잡고 문제를 해결하고자 한다고 가정해보자. 어떻게 접근할 생각인가? 먼저 다섯 단계 측면에서 조직의 문제 해결 절차를 개념화해야 한다. 단계별로 마련된 질문에 답해보면 무엇을 할지 머릿속에 분명해질 것이다.

- **1단계: 역할을 정하고 문제 해결 과정을 알려라**

  문제 해결 과정에 누가 포함되고 어떤 임무를 수행하게 되는가? 문제 해결 과정을 어떤 식으로 전달할 것이며, 해당 전달 방법이 가져올 결과는 무엇인가?

- **2단계: 문제의 틀을 잡아라**

  조사하기 수월하게 문제를 좀 더 구체적으로 정의할 방법은 무엇인가? 잠재적 해법의 타당성을 평가하는 데 어떤 기준을 사용할 것인가? 예상하는 가장 큰 난관은 무엇인가?

- **3단계: 잠재적 해법을 모색하라**

기대하는 일련의 잠재적 해법은 무엇인가? 여러 해법을 찾거나 개발하는 데 어떤 접근법을 사용할 것인가?

- **4단계: 최고의 해법을 선택하라**

  당신의 평가 기준으로 보면, 문제 해결에 가장 적합한 해법은 무엇인가? 발생할 수 있는 커다란 불확실성에 어떻게 대응할 것인가?

- **5단계: 행동 방침을 고수하라**

  최고의 해법을 실행하는 데 어떤 지원이 이루어져야 하는가? 무엇을 해야 하고, 누가 해야 하는가?

큰 문제를 '해결'했고, 그 교훈을 반영해 조직을 운영한다고 해도 틀을 잡고 해결할 문제는 또 생긴다. '조직의 문제 해결 5단계'는 〈그림 10〉처럼 그려진다. 한 사이클을 성공적으로 돌고 나면 해결할 더 많은 문제가 발생한다.

〈그림 10〉의 가운데 원은 뇌의 균형을 최대한 유지해야 한다는 일종의 상기 장치다. 좌뇌는 체계에 더 가깝고, 우뇌는 창의에 더 가깝다. 창의성이 다섯 단계 전반에 어느 정도 필요하지만, 체계적인 절차 수행은 전체 사이클의 절대적인 필요충분조건이다.

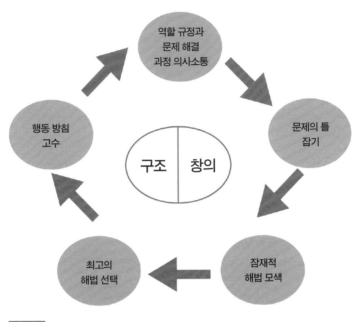

상 10 조직 문제 해결 5단계 사이클

자기점검

현재 당신은 문제를 체계적으로 해결하고 있는가?
문제 해결 방식의 강점과 약점은 무엇인가?

체계적 문제 해결이 실제로 어떻게 이루어지는지 우즈가
CHS의 최고경영자가 되자마자 착수한 전략 개발 작업을 통해
살펴보자. 우즈가 순탄하게 운영되던 중형 병원을 맡았다는
점을 기억할 것이다. CHS가 괜찮은 경영실적을 유지한 이유
는 인근 병원들과 계약을 맺어 결재 처리와 같은 관리 서비스

를 제공했기 때문이다. 2016년 연 매출은 대략 30억 달러였고, CHS 자체 매출은 50억 달러였다. 병원은 지리적 네트워크가 커지고 넓어지면서 공급업체, 보험사와의 협상에서 유리한 위치를 차지했다. 하지만 우즈는 병원 관리 서비스 비즈니스 모델이 위협받고 있다고 생각했다.

타 병원들과 맺은 관계 중 진정한 통합으로 이어질 관계는 없다는 점을 깨달았습니다. 코앞에 괜찮은 기회는 다 제쳐두고, 의미 없는 사업에 치중하고 있었습니다. 역설적으로 관리 서비스 계약을 갱신할 때마다 협력 병원들의 협상력은 더 강해졌죠. 내가 병원에 부임했을 때도 다른 많은 병원이 그런 태도를 보였습니다. …… 한 발짝 물러서서 보니, 다른 병원과 통합해 규모를 키우는 방법이 아니라면 오래 버티지 못할 구조였습니다.

우즈는 업계의 통합 추세가 가속화할 거라 전망했다. CHS는 (지역의 선발자가 되어) 다른 병원들과의 파트너십을 주도하지 않으면 합병당할 것이라는 결론에 다다랐다. 우즈는 잠재 성장 기회를 모색하는 자신의 접근법을 '차세대 연계 전략'이라 불렀다. 우즈의 접근법은 다섯 단계 문제 해결 절차 중, 조직이 마주한 중요한 사안의 틀을 잡고 해결하는 절차의 기본이다.

1단계: 역할을 정하고 문제 해결 과정을 알려라

이 단계에서 임원 대부분은 조직 내 주요 의사결정권자들을 포함한다. 그들은 팀이나 사업 부문을 이끄는 리더이기 때문에 (1) 해결하려는 문제에 이해관계가 있고, (2) 문제의 틀을 잡고 해결해가는 과정에 영향력을 행사하려 들 것이다. 그래서 상황이 복잡해진다. 우즈도 아트리움 헬스에 도입할 차세대 연계 전략을 개발하며 정기적으로 이사회와 만났다. 이해당사자와의 효율적인 교류는 이해당사자를 정확히 이해하는 데서 시작된다. 그러면 그러면 승인approve-지원support-협의 consult-안내inform, 즉 ASCI의 간단한 틀을 적용해 어떻게 그들을 개입시킬지 결정할 수 있다.[1]

- **승인**: 중요한 결정을 내리거나 그 결정을 추진하려면 이해당사자의 공식 승인이 필요하다. 우즈는 타 병원과 굵직한 합병을 하려면 반독점법을 관장하는 주 정부와 연방정부의 승인이 필요하다는 것을 알고 있었다.
- **지원**: 이해당사자는 인력, 자금, 정보, 관계 등 당신이 필요로 하는 자원을 통제한다. 우즈는 합병 건에 이사회의 승인은 물론, 핵심 활동에 자금을 지원하겠다는 그들의 지지도 필요했다.
- **협의**: 이해당사자들과 손을 잡거나, 주요 쟁점에 대한 그들의

의견을 들을 수 있거나, 혹은 둘 다 가능하다면 가장 훌륭하다. 이들은 문제 해결 과정 후반 단계에 '승인'이나 '지원' 역할을 할 수도 있으므로, 일찌감치 한배에 태워야 한다.

- **안내**: 보고 형식으로 이해당사자들에게 문제 해결 진행 상황을 그때그때 알려라. 이후 단계에서 이들이 더 능동적인 역할을 하기 때문이다.

문제를 해결하기 전에 ASCI 표를 완성한다. 주요 이해당사자를 파악하고, 문제 해결 단계마다 이들이 할 역할을 예상한다. 문제를 해결하면서 이해당사자들과 그들의 역할에 대한 이해가 달라질 것이므로, ASCI 표도 그에 따라 업데이트한다. 우즈가 직접 작성한 표를 참고해 당신만의 표를 작성하자.

아트리움 헬스의 차세대 네트워크 전략을 위한 ASCI 표

다음 단계는 해결하려는 문제를 이해당사자에게 알리는 것이다. 당신이 이루려는 바를 안내해주면 그들이 상황을 이해할 것이다. 게다가 '투명한 절차의 힘'을 얻어 문제 해결 단계마다 협조가 이루어질 수 있다. 한 연구에 따르면, 사람들은 결과가 자신들에게 전적으로 유리하지 않아도 의사결정 과정이 투명하다고 인식하면 그 결과를 받아들이는 것으로 나타났다.[2] 체계적 문제 해결에서 이것은 절차의 투명함을 의미한다.

	승인	지원	협의	안내
1단계 역할 규정 & 문제 해결 과정 공지	• 이사회	• 이사회 • 최고경영자 　보좌관 • 최고재무책임자 • 법무총괄	• 정부 정책 　담당자	외부 기업이나 조직과의 관계를 관리하는 임원들
2단계 문제의 틀 잡기		• 경영진		
3단계 잠재적 해법 모색		• 조직 내 주요 　의사결정권자들	• 조직의 사고를 　선도하는 핵심 　임원들 • 외부 컨설턴트	
4단계 최고의 해법 선택	• 이사회	• 조직 내 주요 　의사결정권자들	• 조직의 사고를 　선도하는 핵심 　임원들 • 외부 컨설턴트	전략 실행을 담당하는 임원들
5단계 행동 방침 고수	• 이사회 • 주 정부와 　연방정부	• 외부 법규 및 　규제 고문	• 전략실행을 　담당하는 　임원들	

자기 점검

이해당사자들과 일찌감치 접촉하지 않아 문제 해결에 어려움을
겪은 경험이 있는가?

2단계: 문제의 틀을 잡아라

문제가 낯선 데다 지독히 해결하기 힘들다면 더더욱 치밀하게
틀을 잡아야 한다. 2단계는 체계적 문제 해결 5단계 중 가장

중요한 단계일 수도 있다. 알베르트 아인슈타인Albert Einstein과 레오폴트 인펠트Leopold Infeld는 공저《과학의 진화》에서 이렇게 말한다.

문제 정의는 단지 수학적 혹은 경험적 능력에 기초하는 해법 마련 보다 중요하다. 새로운 질문과 가능성을 제기하고, 상투적인 문제 들을 새로운 각도에서 바라보는 창의적 상상력이 필요하고, 그때 진정한 과학 발전이 이루어진다.[3]

문제의 틀 잡기란 다음을 의미한다.

1. 문제를 답이 필요한 질문 형식으로 정리하기
2. 잠재적 해법의 타당성 평가에 사용할 기준 잡기
3. 장차 넘어야 할 가장 큰 난관을 식별하기

처음부터 할 일이 많아 보이지만, 문제의 틀을 잘 잡으면 전체 시간이 절약될 것이다. 아르노 체발리에르Arnaud Chevallier와 알브레히트 엔더스Albrecht Enders는 공저한《해결할 수 있다Solvable》에서 문제의 틀을 잡으며, '영웅의 여정Hero's Journey' 스토리텔링 접근법을 소개한다(SF영화 〈스타워즈〉의 주인공 루크 스카이워커를 생각하면 된다).[4] 저자들은 조직 리더는 문제의 틀을 잡을 때 보물 찾기 원정을 떠나 여러 마리 용과 맞서 싸우는 **영웅**을 떠올려보라고 주문한다. 영웅은 어떤 사람이어야 하고, **원정, 보물, 용**의 정체는 무엇인가?

- **영웅**은 조직이 당면한 중대한 문제의 틀을 잡고 해결해나갈 당신이다
- **원정**은 원정을 떠나야 하는 이유고, 문제에 대한 명확한 이해를 담은 질문을 뜻한다.
- **보물**은 최고의 해법과 해법을 실현했을 때 얻는 여러 가지 혜택이다.
- **용**은 당신이 꼭 대적해 무찔러야 하는 잠재적 난관이다.

두 저자가 제시한 프레임워크framework는 사고의 흐름을 기억하기 좋게 응축해 효과적이다. 이는 **문제 해결 과정의 이해당사자가 여럿일 때 특히 유용하다.** 왜일까? 프레임워크가 '공용어'처럼 작용해 문제에 대한 다양한 의견, 잠재적 해법, 그 해법의 평가 기준을 이해당사자들이 이해하는 데 도움을 주기 때문이다. 원정, 보물, 용에 대한 정의가 명확히 합의되면 이해관계자들을 더 효과적으로 관리할 수 있다.

해결할 문제의 틀을 잡는 첫 작업은 **문제를 응축한 질문 형태로 만들어 어떤 원정을 떠날지 구체적으로 정의하는 것**이다. 이

때 의욕이 과하지도 부족하지도 않게 균형을 잡아 문제의 '크기'를 정해야 한다. '바다를 끓이겠다'고 마음먹거나 프로젝트를 필요 이상으로 어렵게 만들면 실패를 자초하는 꼴이 된다. 마찬가지로 '머리카락 한 가닥을 어떻게 쪼갤까'를 고민한다면 실망할 수밖에 없다. 적정 수준의 의욕은 바다와 머리카락 사이다.

　문제를 정의할 때는 전략적이면서 동시에 창의적이어야 한다. 전략적이야 한다는 말은 문제와 연관된 모든 이해당사자를 이해하고, 그들을 염두에 두고 문제를 정의하는 것을 뜻한다. 창의적이어야 한다는 것은 일을 진전시키기 위해 사람들의 사고방식에 존재하는 편견을 이해하고 활용하라는 뜻이다. 엔더스와 체발리에르는 문제 틀 잡기와 창의성에 관한 사례를 소개한다.

　어느 수도원에 사는 두 수도승이 담배를 피우고 싶다고 생각한다. 담배 생각에 집중력이 떨어져 기도하는 시간이 길어질 것 같다. 금연이 정말 득이 되는 일인지 판단하기 쉽지 않다. 한 수도승이 먼저 수도원장을 찾아가 "기도할 때 담배를 피워도 될까요?"라고 묻지만 바로 혼쭐난다. 다른 수도승이 다시 찾아가 똑같이 질문을 하되, "담배를 피울 때 기도를 해도 될까요?라고 묻자 이번에는 허락이 떨어진다.[5]

이 이야기는 사람들이 득과 실을 어떻게 생각하는지, 특히 의사결정 과정에 깊이 뿌리를 내린 **손실 회피 성향**loss aversion 을 잘 보여준다. 인지심리학 분야의 연구 결과에 따르면, 사람들은 이득보다 손실을 피하는 쪽으로 기운다고 한다.[6] 첫 번째 수도승은 수도원장 관점에서 손실이 될 수 있다는, 즉 기도하며 흡연하면 기도가 제대로 될 리 없다는 부정적인 면을 부각하는 방식으로 문제의 틀을 잡았지만, 두 번째 수도승은 기도를 하면서 흡연할 수 있다면 더 많이 기도하게 될 것이라는 잠재적 이득을 강조했다.

그래서 문제 틀 잡기의 두 번째 단계인 **잠재적 해법의 타당성 평가에 사용할 기준 잡기**가 중요하다. 평가 기준이 서 있다면 아래 질문에 답할 수 있다.

- 문제 해결에 적합하다고 합의된 해법이 꼭 충족해야 할 사실 (예컨대 원정에서 찾고자 하는 보물)은 무엇인가?
- 다른 해법을 제치고 최종적으로 선택될 해법의 상대적 매력을 어떻게 평가할 것인가?

중복되지 않고 간결하면서도 포괄적인 일련의 기준을 세워야 한다. 예를 들어, 음식점을 결정할 때 '맛있어야 한다', '만족스러워야 한다', '기분이 좋아져야 한다'와 같은 기준은 지나치게 포괄적이고 모호해서 평가 잣대로 쓸 수 없다. 또한 일련의 기준에서 중요성의 서열도 매겨져야 한다. 평가 기준이 많으면 많을수록 그 효용이 떨어지기 때문이다. 우즈는 다른 병원들과 장차 맺을 합병을 평가하기 위해, 조직 내 주요 의사결정권자들의 도움을 얻어 〈그림 11〉과 같은 기준을 마련했다.

문제 틀 잡기의 세 번째이자 마지막 단계는 **보물을 찾으러 가는 길을 막는 난관을 파악하는 것**이다. 이 단계를 통해 여러 잠재적 해법을 탐색하고, 그중 어떤 해법을 선택할지를 평가한 후, 최종 의사결정을 내리기 전에 난관을 예상할 수 있다.

'그렇다'의 기준	'아니다'의 기준
지리적 밀도를 넓혀 네트워크를 구축할 방법이 있다.	투입된 노력이 자원을 효율적으로 사용하지 못한다.
기존 인프라와 역량을 활용할 수 있다.	일회적이고 장기적 측면에서 전략적 잠재력이 없다.
서서히 성장할 것이다.	순전히 '구조 임무'에 불과하다.
모두가 함께하는 문화 속에 모두에게 이로운 임무를 수행하고 있다.	조직문화에 잘 맞지 않는다.
의료 서비스 확대에 이바지한다.	
차별화 전략을 가속하는 데 도움이 된다.	

그림 11 **우즈의 평가 기준**

우즈는 자신이 장차 대적할 용 세 마리를 이렇게 예상했다.

1. 팀원들이 모호함에 익숙해지도록 돕고, 목표를 달성하는 전략부터 도출해야 한다는 중압감을 해소한다.

2. '과거 비즈니스 모델로 잘해왔지만, 다르게 성장할 필요'가 있다는 점을 이사회와 핵심 이해관계자들에게 설득한다.

3. 경영진 구조조정을 통해 새로운 사업 방식을 이끌 새로운 인력 투입한다.

> **자기 점검**
> 당신이 해결해야 할 조직의 중대한 문제 하나를 생각하라. 그
> 문제는 틀이 잡혀 있는가? 체발리에르와 엔더스가 제시한 방법을
> 사용하면 이해관계자들로부터 협조를 끌어내는 데 도움이
> 되겠는가?

3단계: 잠재적 해법을 모색하라

잠재적 해법 모색과 잠재적 해법 평가를 구분한다. 지독히 힘든 문제에 대한 해법을 찾는 일에는 창의성, 독창성, 통찰이 요구되지만, 도출한 해법 중 최선의 것을 찾을 때는 냉철한 분석이 필요하다. 비판적인 평가가 너무 이르면 창의성을 짓누를 수 있다. 마이클 로베르토는 《창의력 끌어내기Unlocking Creativity》에서 "다른 의견과 관점을 건설적으로 관리하지 못하면, 많

은 좋은 아이디어가 꽃을 피우지 못하고 시들어버린다."라고 강조한다.[7]

어떤 탐색 과정을 거쳐야 할지를 분명히 한다. 이때 해법이 일정하고 뻔하다면 상황은 간단해진다. 예를 들어 직장에서 점심 메뉴를 고른다고 하면, 주변 동네도 잘 알고 점심시간도 잘 알기 때문에 선택지는 뻔하다. 탐색할 필요조차 없다! 이렇게 잠재적 해법이 분명할 때는 탐색 없이 바로 평가할 수 있다. 식당들이 문을 닫거나 새 식당이 개업하지 않은 한 선택지는 정해져 있고, 계획에 집중할 수 있다.

해법이 보이지 않지만 존재할 때는, 탐색 과정에서 '효율성'을 중시해야 한다. 보통은 잠재적 해법을 찾는 데 가용 역량을 총동원하고 모든 해법을 찾는다. 그 과정에서 시간과 돈이 많이 들 때를 대비해 중지 규칙을 마련해야 한다. 다시 말해, 몇 가지 가능한 해법을 찾았다면 엄격한 평가 단계로 넘어가야 한다. (또한 한가지 해법을 찾고 마는 것은 탐색과 평가를 나누어야 한다는 규칙에 어긋나지만, 시간이 제한적이라면 합리화할 수 있다는 점을 기억하라.)

좋은 해법을 못 찾겠다면 문제를 세분화한다. 여기에는 근본적인 원인을 탐구하고, 쉬운 해법과 문제에 담긴 또 다른 문제를 판별하기 위해 2장에서 설명한 시스템 모델링과 인과관계 분석이 적용된다. 그리고 나면 창의적으로 잠재적 해법을 찾을 수 있다. 인과관계 분석은 문제를 더 세부적으로 쪼개는 것이다. 그 효과는 〈그림 12〉에 잘 표현되어 있다. 이 그림은 한 제조 설비 사업체가 운송 지연을 초래하는 원인을 어떻게 진단하는지를 보여준다.

〈그림 12〉는 문제를 초래하는 잠재적 원인을 장비, 원자재, 업무 절차 항목으로 논리적으로 분류했다. 이는 빠른 해법을 찾고, 문제 해결법(혹은 설비 중단 시간을 줄이는 것과 같은 문제 안에 특정 사안 해결법)을 개발하는 데 도움이 될 것이다. 세부적 분석을 수행하려면 창의적인 인재들을 찾아 그들의 업무 동기를 유발해야 한다. 체계를 강요하거나 프로세스를 과도하게 제약해서는 안 된다. 또한 창의적 사고가 기지개를 켤 공간과 시간을 마련해야 한다.《생각의 기술The Art of Thought》의 저자 그레이엄 월러스Graham Wallas는 창의성 개발 5단계를 통해 시간의 중요성을 강조했다.[8]

1. **준비**: 창의적인 인재가 문제를 여러 각도에서 고민할 때
2. **배양**: 문제가 창의적인 인재의 무의식에 습득될 때
3. **암시**: 창의적인 인재가 한 가지 해법에 가까워지고 있다는 '느낌'을 받을 때
4. **깨달음**: 창의적인 해법이 무의식적 처리 과정에 의식적 인지 수준으로 터져 나올 때

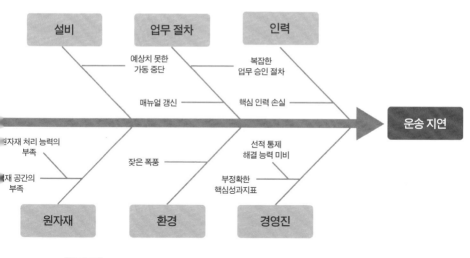

설비   업무 절차   인력

예상치 못한   복잡한
가동 중단   업무 승인 절차

매뉴얼 갱신 ─────── 핵심 인력 손실

                                        운송 지연

원자재 처리 능력의   선적 통제
부족   해결 능력 미비

재 공간의   잦은 폭풍   부정확한
부족   핵심성과지표

원자재   환경   경영진

그림 12 | 운송 지연 원인을 진단하는 근본 원인 분석

5.   **검증**: 해법을 의식적으로 검증하고, 가다듬어 적용할 때

> **자기 점검**
>
> 요즘 당신이 씨름하고 있는 중대한 문제를 떠올려보자.
> 잠재적 해법을 탐구하는 데 어떤 접근법을 선택할 것인가?

4단계: 최고의 해법을 선택하라

몇 가지 일련의 잠재적 해법을 찾았다면, 엄격한 평가를 통해
그중 최고의 해법을 고른다. 여러 평가 기준이 모두 중요하다
면, 해법 평가는 '그렇다'나 '아니다'로 간단해진다. 하지만 평

가는 소위 '트레이드 오프(trade-off)'와 동의어인 경우가 많다. 점심 메뉴 사례로 다시 돌아가 '맛과 시간' 이 두 가지 평가 기준만 있다고 가정해보자. 당신은 멕시코 음식보다 이탈리아 음식을 훨씬 좋아한다. 그런데 이탈리아 음식점이 멀리 있다. 당신은 맛을 위해 어느 정도의 시간을 들일 의지가 있는가? 5분 정도는 기꺼이 투자할지 모르지만, 1시간은 어떤가? 아마 포기할 것이다. 20분은 어떤가? 우리는 늘 이런 트레이드 오프를 하고 산다.

평가 기준이 시간이나 돈처럼 측정할 수 있고 누가 봐도 명확하다면, 트레이드 오프는 비교적 쉽다. 하지만 평가 방법에 질적 측면이 강조되면 트레이드 오프는 훨씬 더 어려워진다. 이럴 땐 '점수표scoring system'를 만들자. 이는 컬럼비아 경영대학원에서 발표한 복잡한 협상에 관한 경영 사례 분석 보고서 〈거래에 점수 매기기Scoring a Deal〉[9]에서 논의된 방식이다. 자세한 내용은 아래와 같다.

- (2단계인 문제 틀 잡기에서 이미 한) 해법 평가 기준 명확히 하기
- 평가 기준마다 최악부터 최선까지 순위 매기기
- 평가 기준마다 최하 0에서 최고 100까지 점수표를 만들어 각각의 해법에 점수 부여하기
- 전략의 상대적 중요성을 기준으로 평가 기준에 '가중치' 할당

하기(만약 평가 기준이 네 가지라면 0.3, 0.2, 0.4, 0.1과 같은 가중치 총점은 언제나 1로 정한다)

- 평가 기준마다 점수와 가중치 값을 곱해 총가치를 계산하고, 합산하기

점심 메뉴 고르기 사례로, 당신이 다음과 같은 점수표를 만들었다고 해보자. 당신의 평가 기준은 맛, 비용, 식당까지 가는 데 걸리는 시간, 영양이다. 해법, 즉 선택할 수 있는 음식은 인근의 태국, 멕시코, 이탈리아 식당이다.

총점을 살펴보기 전에 맛, 비용, 시간, 영양, 이 네 가지 기준에 할당한 가중치의 총합이 결국 1이라는 점을 생각해보자. 표를 보면 시간에 꽤 큰 무게를 두었다. 맛이 그다음이고, 영양은 비교적 점수가 낮다. (건강은 큰 고려 사항이 아니라는 것을 알 수 있다.)

비용과 맛 측면에서 식당마다 할당된 점수를 들여다보자. 기준은 0점 100점이다. 비용 기준에서 멕시코 식당이 가장 저렴해 100점으로 평가했고, 태국 음식점은 크게 차이 나지 않는 90점이지만, 이탈리아 식당은 70점으로 상당히 비쌀 것으로 예상되었다. 맛을 기준으로 하면 이탈리아 음식이 당신이 가장 좋아하는 100점짜리 음식이고, 바로 다음이 90점을 받은 태국 음식이고, 멕시코 음식은 70점이다.

	맛	비용	시간	영양	총점
무게(총 1점)	0.3	0.2	0.4	0.1	
태국 음식	90	90	85	90	88
멕시코 음식	70	100	100	50	86
이탈리아 음식	100	70	40	100	78

음식점의 총점을 보자. 어떤 평가 기준에서도 태국 음식점을 가장 선호한 적이 없지만, 결과는 1등이다. 왜 그럴까? 몇 가지 중요한 기준을 골고루 충족하는 선택이기 때문이다. 이 사례는 꼼꼼하게 트레이드 오프를 해보면 예상하지 못했던 '최선'의 결과가 나올 수 있다는 점을 시사한다.

점수 매기기 방식에 이런 장점이 있지만 한계도 있다. 이 방식은 선형으로 이루어진 0에서 100이라는 등급표로, 맛과 시간과 같은 일련의 선택 기준을 적용할 수 있다. 그러나 실제로는 선형 외에 중요한 사실이 있다. 중요한 고객과 회의 전에 점심 먹을 시간이 30분 밖에 없다고 해보자. 태국 식당에 가는데 40분이 걸린다면 당신의 평가는 어떻게 달라질까?

또 다른 한계는 대안들을 서로 비교하는 것이 **단순 총합**additive 에 불과하다는 사실이다. 즉, 가중치 점수를 모두 더해 개개 선택의 총가치를 계산할 수 있다고 가정하는 것이다. 여러 기준이 차지하는 점수 간에 의미 있는 상호작용이 없을 때만 의미 있는 이론이다. 실제는 대개 그렇지 않다.

점수 매기기 방식이 도움이 안 된다는 말은 아니다. 당신의 사고에 어느 정도 도움이 **될 수도** 있지만, 이는 조언 정도지 결정적 기준으로 사용해서는 안 된다. 결과를 보고 이런 질문을 꼭 해야 한다. '이 결과가 맞을까? 평가 기준에 할당한 가중치와 각각의 선택에 부여한 점수가 맞을까? 평가 기준들 사이에 꼭 고려해야 할 비선형적인 요소나 상호작용이 있지 않을까?'

다른 선택과 연관지어 나온 결과에 불확실성을 반영하고 확률을 부여해 좀 더 세련된 점수표를 만들 수도 있다. 태국 음식점은 주문하고 음식을 받는 데 5~25분의 차이가 있지만, 멕시코 음식점에서는 음식을 10분이면 먹을 수 있다. 시간, 비용과 같은 기준 외에도 기다리는 데 걸리는 시간별로 나눠 확률 요소를 할당하면, 선택지를 **기대 가치 기준**expected-value basis으로 평가할 수 있고, 평가가 더 정밀해진다.

점수표는 해법을 평가하는 단계가 아니라 문제의 틀을 잡는 단계에서 만드는 것이 좋다. 객관성을 확보할 수 있기 때문이다. 문제의 틀을 잡는 과정에서 당신이 몇 가지 해법을 알게 되었고, 나름대로 비공식적인 평가를 했다면, 가중치의 기준을 정하고 점수를 할당하는 일은 없을 것이다.

자기 점검

당신은 중요한 문제를 해결할 잠재적 해법을 어떻게 평가하는가?
당신과 당신의 조직은 충분히 엄격한 기준을 사용하고 있는가?

5단계: 행동 방침을 고수하라

조직 문제에 대해 당신이 찾아낸 해법은 그 자체로 '정답'이
아니라, 당신의 조직이 충실히 **나아갈 길**이다. 따라서 확신할
수 있는 해법에는 목표, 전략, 계획, 필요한 자원의 할당이 포
함된다. 중대한 문제에 어느 한 가지 해법으로 의견이 모였다
면, 실행 단계에서 번복할 수 없는 자원을 투입한다. 특정 행동
방침을 집념 있게 추구하며 발생하는 직접적 대가 외에도, 그
길을 가지 않아 발생하는 기회비용도 존재할 수 있다.

태국 음식점에서 행여 실망했다면 '괜히 이탈리아 식당이
가고 싶더라'라는 생각이 스침과 동시에 '내일은 이탈리아 식
당으로 가면 되지 뭐'라고 마음을 달랠 것이다. 물론 조직이
마주한 중대한 문제를 해결하지 못했을 때 감수해야 할 결과
는 이보다 훨씬 무겁다. 하지만 방침을 고수하며 나아가는 길
에는 상황에 따라, 그리고 경험이 쌓이면서 어느 정도 조정의
여지가 생겨난다. 조정 과정에서 예상하지 못한, 또 해결해야
만 하는 중요한 문제가 튀어나와 그 문제에 이제까지의 절차
를 다시 적용해야 할 수도 있다. 〈그림 13〉에 드러난 것처럼,

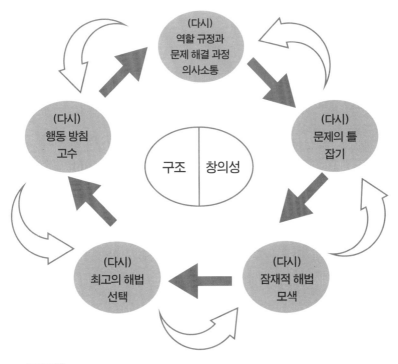

그림 13 **조직 문제 해결 5단계 사이클로 양방향 이동하기**

당신은 문제 해결의 여정에서 전진이 아니라 후퇴할 때도 있을 것이다.

자기 점검

복잡한 문제를 해결하기 위해 도출한 해법을 실행하는 데, 당신의 조직은 그간 얼마나 성공적이었는가?

체계적 문제 해결 능력 개발하기

체계적 문제 해결 능력을 키우려면, 문제 해결 과정에 필요한 단계들, 단계별 필요한 도구와 기술들, 일반적인 어려움과 도전 같은 기본 원칙부터 익힌다. 핵심은 경험이다. 연습량에 비례해 체계적 문제 해결 능력도 좋아진다. 다양한 문제 해결에 가담해보고 주변 사람들에게 의견을 구하고 도움을 청한다. 경험 많은 이들이 이끄는 체계적 문제 해결 과정에 참여할 기회도 찾는다.

요약

체계적 문제 해결은 전략적 사고 능력 훈련법 중 하나로, 조직이 당면한 가장 중요한 도전을 어떻게 해결해야 하는지를 안내한다. 이는 핵심 이해당사자를 파악하고 문제의 틀을 잡아 잠재적 해법을 도출 및 평가한 후, 최선의 해법을 선택해 그 해법을 실행하는 독립된 프로세스다. 체계적 문제 해결의 강력한 장점 중 하나는 목표를 추구하는 과정에서 이해당사자를 내 편으로 만든다는 점이다.

다음 장은 **비전** 훈련으로, 매력적인 미래를 상상하고 실현하는 능력을 다룬다.

체계적 문제 해결 점검표

1. 현재 당신의 조직은 가장 중대한 문제를 정의하고 해결하는 데 얼마나 효과적인가? 그 접근법의 강점과 약점은 무엇인가?

2. 핵심 이해관계자를 문제 해결 초기 단계부터 끌어들이는, 당신만의 방법은 무엇인가? '승인-지원-협의-안내ASCI' 평가법이 도움이 될까?

3. 원정, 보물, 용을 정의하고 조직원들에게 알리는 일을 포함해 문제의 틀을 잡는 일이 효과를 보기 위해 당신이 해야 할 일은?

4. 당신은 해법을 마련하는 데 있어, 분석력과 창의력 사이에서 균형을 유지하고 있는가?

5. 당신의 평가는 충분하리만큼 혹독하며 합리적인 트레이드오프를 하고 있는가?

더 읽을 책

— 아르노 체발리에르Arnaud Chevallier, 알브레히트 엔더스Albrecht
  Enders 지음,《해결할 수 있다Solvable》, FT Publishing Interna-
  tiona, 2022.

— 로베르토 A. 마이클Michael A. Roberto 지음,《비판적 의사결정의
  기술The Art of Critical Decision Making》, The Teaching Company,
  2009.

— 아미트 S. 무커르지Amit S. Mukherjee 지음,《디지털 세계를 이끄
  는 리더의 자질Leading in the Digital World》, The MIT Press, 2020.

5장

비전 훈련

비전은 야심 차고 달성 가능한 잠재적 미래를 상상하고, 조직을 동원해 그 미래를 실현하는 능력이다. 비전 훈련은 잠재적 미래와 현실의 격차를 좁히는 일이다. 매력적인 미래를 상상하는 것만이 아니라 그 미래를 사람들에게 알리고, 그 미래를 중심으로 사람들의 기운을 북돋아야 한다. 소위 '강력한 단순화'와 비전 사이의 교집합이 생기는 지점에서, 당신은 당신의 비전을 (그리고 그 비전을 실현할 전략들을) 명료하고 흡인력 있게 설명해야 한다.

비전이란?

기업 리더에게 비전은 자신이 구상한 전략이 완벽히 실현되었을 때 조직이 어떻게 변모할지를 보여주는 머릿속 그림을 의미한다. 훌륭한 비전은 매력적인 미래를 명확히 보여준다. 훌륭한 비전이라면 이런 질문들에 대한 답을 내포해야 한다. 조직이 해야 할 일(미션), 조직의 우선순위(핵심 목표), 조직이 어떤 방식으로 나아가야 할지(전략)를 고려했을 때, 비전이 실현되면 조직과 조직원들은 어떤 모습으로 바뀌어 있을까?

한 기업 간부의 말을 빌리면, 비전이란 "가장 단순하고 구체적인 형태로 추출된 미래에 대한 그림"이다. 또한 비전을 서술적이고 구체적이라고 말하는 간부도 있는데 "비전은 조직이 합리적인 시간의 프레임 안에서 운영될 방식을 설명해주지만, 조직에 활력을 불어넣지 못하면 비전이 아니다. 비전은 조직을 펼쳐 확장해주기도 한다."라고 말한다.

비전은 조직의 미션(사명), 핵심 목표, 개념과 구분되어야 한다. 어떤 것이 비전이 **아닌지**를 알면 그 차이를 이해할 수 있다.

- 비전은 조직 리더들이 바라는 조직의 미션과 다르다.
- 비전은 미션을 달성하기 위해 우선순위를 나열한 일련의 핵심 목표가 아니다.
- 비전은 미션과 핵심 목표 실현을 위해 준비한 전략과 다르다.

물론 조직의 비전은 조직의 미션, 핵심 목표, 전략과 일치한다. 본질적이고 긍정적인 변화를 초래하는 무언가는 강력한 미션, 목표, 비전이 일관적으로 연결되지 않으면 일어나기 어렵다. 내가 인터뷰한 어느 조직의 간부는 이렇게 말했다. "사람들은 '네, 저는 미션, 핵심 목표, 전략이 어떻게 맞물려 있는지 이해합니다. 우리가 어느 쪽으로 가고 있는지 알아요.'라고 말할 수 있어야 합니다."

비전을 조직 융화의 또 다른 중요 요소인 목표와 구분하는 것이 특히 중요하다. 《제5경영》에서 피터 센게는 이렇게 말한다. "비전과 목표는 다릅니다. 목표는 일반적인 방향성입니다. 비전은 구체적인 목표고, 원하는 미래의 그림입니다. 목표는 '천국을 탐험할 수 있는 인간의 역량 확대'입니다. 비전은 '1960년대 후반 달에 서 있던 인간'입니다."[1]

목표와 비전은 함께 간다. 강력한 목표에 비전이 빠지면 조직은 명확한 방향성 복잡성, 불확실성, 변동성, 모호성의 거친 바다를 헤쳐나가기 힘들다. 열정적인 몇몇이 한 목표를 정해 쉴 새 없이 일한다고 해도, 이들이 달성한 결과는 오래가지 못하고, 그 잠재력이 충분히 발현되지 못하거나 실망스러운 수준에 그칠 수 있다. 하지만 공유한 비전을 조직에 전파하면 모두가 일관된 방향성을 가지고 행동하고, 직원들을 바람직한 미래로 이끌 수 있고, 불확실한 미래의 불안을 누그러뜨릴 수 있다.

기업이 외치는 목표가 공허하면 비전이 진부해질 위험이 있다. '거짓과 사칭'은 맥마스터대학교 디그루트 경영대학원 교수였던 크리스 바트Chris Bart가 1997년 논문 〈섹스, 거짓말, 그리고 사명 선언문Sex, Lies, and Mission Statements〉을 통해 제시한 두 개의 결론이다. 바트는 "사명 선언문의 대다수가 그 문장을 써놓은 종이가 아까울 정도"라고 결론 지었다.[2] 전 서독 총리 헬무트 슈미트Helmut Schmidt는 한술 더 떠 큰 비전이 뭐냐는 질문에 이렇게 답했다. "비전이 있는 사람들은 모두 병원에 가봐야 합니다."[3]

비전은 전략적 사고에 꼭 필요한 덕목이다. 존슨앤존슨에서 임원을 지낸 트로이 테일러Troy Taylor는 강조한다. "비전은 당신이 가고자 하는 방향, 목적지에 다다르려면 해야 할 일, 도착했을 때 얻을 결과를 조직이 이해하도록 도와준다." 설득력 있는 강력한 비전은 방향 잡힌 열정을 낳는다. 당신이 세상 최고의 전략을 개발했더라도, 조직원이 행동을 '왜' 해야 하고, 당신이 '어디로' 가고자 하는지, '무엇'을 해야 하는지, '어떻게' 달성할지 모른다면 그 전략은 쓸모없다. 비전은 이런 내용을 집약해 알리고 기량을 고취하는 의사소통을 통해 '왜'와 '어디'에 대한 분명한 그림을 제시한다.

올바른 비전은 조직원들이 공동의 목표를 이루기 위해 집결하고 의욕에 불타게 한다. 비전 있는 리더는 조직이 이기심과 파벌을 극복할 영감을 주고 강력한 목표를 제시한다. 이런 비전을 가진 역사적 인물은 많다. 넬슨 만델라Nelson Mandela는 인종적 정치적 균열을 초월해 남아프리카공화국을 통합하겠다는 비전을 고수하며, 사람들에게 공통의 대의명분을 불어넣은 보기 드문 정치지도자였다.

기업 리더는 비전을 통해 조직에 활력을 불어넣는다. 흡인력 있는 비전으로 직원들은 자신들이 하는 일이 어떻게 조직의 성공에 이바지하는지, 조직의 사명과 목표를 어떻게 증진하는지를 이해시킨다. 이로써 얻을 혜택은 막대하다. 비전과 직원 개인의 가치관이 맞닿는다면 더 좋다. 연구에 따르면, 직원들은 의미 있는 일에 급여를 기꺼이 희생할 의사가 있다고 한다. 일이 의미 있다고 생각하는 직원들은 퇴사할 가능성이 69퍼센트 적어 이직으로 감수해야 할 엄청난 비용을 절약해준다.[4] 5만 명 이상의 피고용인을 조사한 연구에서도 기업의 비전이 의미 있다고 생각한 직원들은 평균보다 18퍼센트 업무 몰입도가 높은 것으로 나타났다.[5]

비전은 (다음 장에서 논의할) 이해관계자와 연대를 구성하려면 꼭 해야 할 필수 작업에 도움이 된다. 확고한 비전이 있는 리더는 개인적 인간관계를 맺고 개인, 팀, 조직 성공에 기반이 될 네트워크를 쌓기 수월하다. 새로 부임한 최고경영자라면 특히 비전이 도움이 된다. 이해관계자들의 호의를 얻고, 전략에 흥미를 일으키고, 결정적으로 초기에 여세를 몰아야 하기 때문이다. 목표를 달성하는 비전은 지도부 교체의 위험을 줄여주는데, 외부에서 최고경영자를 영입하는 기업에 특히 그렇다. 외부에서 영입된 최고경영자들은 이해관계자들이 별다른 감흥을 못 느끼거나, 회의적이거나 처음부터 뿌루퉁하다면 기대만큼 성과를 내지 못한다.

> **자기점검**
>
> 당신이 경험한 효과적인 비전의 최고 사례는 무엇인가?
> 공동의 비전을 만들려는 노력이 실패한 사례를 본 적이 있는가?
> 왜 실패했다고 생각하는가?

비전은 어떻게 개발되는가?

비전을 얻는 한 가지 방법은 앞을 내다본 후 다시 뒤를 밟으며 추론하는 것이다. 3장 게임 이론에서 살펴봤던 역순 귀납과 유사한 방식으로, 시간을 앞서 내다보고 원하는 미래를 시각화한 후 다시 뒤를 밟아 미래로 가려면 필요한 것들을 구체화하는 것이다. 혹은 심사숙고 후 가능성을 상상해도 좋다. 가용한 자원 목록을 작성하고, 그 자원을 기용해 무엇을 달성할 수 있을지 상상해보는 방법으로, 기업가정신 연구에서는 효과성,

즉 '이펙추에이션effectuation'이라고 부른다.[6] '지금 우리는 무엇을 가지고 있고, 이미 잘하고 있는 분야를 어떻게 활용할 수 있을까'와 같은 질문에서 출발하는 것이다.

앞을 내다보고 일하든 다시 뒷걸음치며 일하든, 목표는 원대하면서도 성취 가능한 잠재적 미래를 상상하는 일이다. 비전을 실현하려면 팀과 조직이 어느 정도의 부담은 견뎌야 하므로 꼭 야심을 가져야 한다.《성공하는 기업들의 8가지 습관》에서 짐 콜린스Jim Collins와 제리 I. 포라스Jerry I. Porras는 'BHAG'라는 개념을 제시한다. 크고 위험하고 대담한 목표Big, Hairy, Audacious Goal를 말하는 것으로, 이는 비전과 야망이 존립해야 하는 필요성을 역설한다.[7]

당신의 비전이 '그림의 떡'이거나 실현 가능성이 희박하면 안 된다. 존 F. 케네디John F. Kennedy 전 미국 대통령이 취임 연설에서 미국인들에게 '앞으로 10년 안에 인간을 지구에 보내겠다'고 했던 발언도[8] 전혀 실현 가능성이 없는 것처럼 들렸지만, 다행히 1969년 7월 인간은 최초로 달에 발을 디뎠다.[9] 케네디 대통령의 사례는 당신이 극복할 수 없는 장애를 만날 때를 대비해, 비전에 융통성을 심는 일이 얼마나 중요한지를 보여준다. 당신이 내비게이션을 무시했을 때 무슨 일이 일어날지를 생각해보자. 우회전이나 좌회전을 놓치면 내비게이션은 유턴하라고 주문할 것이다. 당신이 그 지시를 무시하면 내비게

이션은 같은 목적지로 가는 또 다른 길을 안내한다. 전략적 사고에 꼭 필요한 비전 훈련은 실제로 이렇게 이루어진다.

개인적 비전에서 모두가 공유하는 비전으로

모두가 공유하는 비전은 개인적 비전에서 시작된다. 당신은 조직이 도달할 분명하고 바람직한 미래가 상상되는가? 목표가 달성 가능한 목표여야 하는 것은 물론, 당신의 리더십 스타일과 상황적 맥락에 어울려야 한다. 이를 확인하기 위해 신뢰하는 사람들에게 당신이 품은 비전을 들려주고 조언을 듣는 것도 좋다.

비전을 핵심 목표와 연결해보는 것도 좋다. 기업의 핵심 가치에만 전적으로 의존하는 것보다 비전이 더 행동 지향적이고 구체적으로 구현되는 효과가 있기 때문이다. 그러고 나면 애사심, 헌신, 존엄, 성실과 같은 핵심 가치가 당신의 비전에 의미와 목적의식을 부여해 더 강력해질 수 있다.

모두가 인정하는 동기부여 방법에 비전을 접목해도 좋다. 고인이 된 미국의 심리학자 데이비드 매클렐런드David McClelland는 사람들을 움직이는 욕구에는 성취 욕구(경쟁 욕구, 더 잘하거나 이기려는 욕구), 연대 욕구affiliation(특정 사회 집단과 공감하거나 팀의 일원이 되고자 하는 욕구), 권력 욕구(지위나 통제력 추구)가 있다고 한다.[10] 비전은 전략이 이런 욕구를 충족시켜 주는지를

비전을
압도적으로
만드는
동기 부여 기폭제
$\Bigg\{$

1. 헌신하고 있다는 기분
2. 이바지하고 있다는 성취감
3. 신뢰와 성실의 구현
4. 놀라운 성과 달성
5. 팀의 일원이라는 소속감
6. 조직의 운명을 통제하는 것

그림 14 | **동기 부여 기폭제**

확인하고, 더 효과적으로 팀에 동기를 부여한다. 〈그림 14〉는 잘 만들어진 비전으로 조직원들을 움직일 동기부여 방법의 추가 사례다.

초안이 완성되면, 그 비전의 초안을 자세히 검토할 다양한 이해관계자들과 논의해 부족한 부분이나 결함을 확인하고 다듬는다. 이렇게 명료화, 시험, 개선의 단계를 거치며 비전은 성공을 향한 공유된 이야기로 진화한다.

경영진이나 조직원들을 개입시켜 비전을 함께 만들어야 할 때도 있다. 존슨앤존슨 인사팀을 총괄했던 폴 쿨루톤Paul Culleton은 이렇게 말한다. "간단하지만 흡인력 있는 비전을 만드는 것이 정말 중요합니다. 비전을 얻으려는 개인적 노력과 사람들이 어떻게 상호작용하는지를 이해하려는 노력이 합쳐지면 훌륭한 출발은 한 셈입니다."

조직과 함께 비전을 수립하는 일이 현명할 때가 있고, 그렇지 않을 때가 있다. 구체적으로 말하면, 조직을 확실히 고취할 비전을 개발할 수 있을 때만 그 일을 해야 한다는 뜻이다. 예를 들어, 조직이 구조조정을 할 때는 적기가 아니다. 비전을 수립하는 데 사람들을 끌어들이는 일이 비전 달성의 몰입도를 높이는지도 고려한다. 만약 그렇다면, 개인적 비전의 요소들로 인한 타협의 잠재적 비용보다 이익이 더 클 수 있다.

함께 비전을 찾기로 했다면, 당신의 탁월한 비전에 담긴 대담함이 묽어지지 않도록 경계한다. 당신의 비전에 협상의 여지가 없는 핵심 요소를 밝힌다. 절대로 건드릴 수 없는 요소 외에 사람들의 의견을 반영하는 융통성을 발휘해 그들에게도 주체성을 심어준다. 우즈의 사례가 '공동 창출' 방식이 갖는 힘을 전형적으로 보여준다. 그는 지시를 내리는 하향식 접근법 대신 강도 높은 하향식 경청 연습에서 시작했다. 우즈는 이렇게 설명한다. "회사 곳곳을 돌며 사람들에게 조직의 강점이 무엇이고, 어떤 야망을 품어야 하고, 장애물은 무엇인지 묻는 데 시간과 노력을 쏟았습니다. 부서장들과도 대화 나누며 회사의 강점과 기회에 대한 그들의 생각을 경청했죠."

이 과정을 밟아가던 우즈에게 특정 주제가 보였다. 그중 하나는 직원 개개인이 자기 역할과 조직의 원대한 목표를 접목하기를 갈망한다는 것이었다. "직원들은 사람들이 건강하기를 바랐는데, 단지 환자 치료의 문제를 얘기하는 것이 아니었습니다. 사람들이 가장 힘든 시기에 자신들이 희망을 선물할 수 있다고 얘기하고 싶어 했습니다. 전국 최고의 병원이 되어 치료 수준을 한 단계 끌어올리고 싶어 했죠."

우즈는 직원들의 의견을 종합해 주요 이해당사자들에게 빠짐없이 알렸다. 그 결과, 새로운 사명 선언문이 작성되었다. "모두를 위한 건강, 희망, 치료의 증진." '모든 사람을 위한'이 특히 의미심장했다. 의료 서비스를 선택할 수 있는 특권을 가진 환자들은 물론, 사회 취약계층에도 헌신하겠다는 의지를 공식적으로 확언한 것이다.

우즈는 아트리움 헬스의 비전 "최고의 병원, 가장 먼저 선택하는 병원"을 만드는 데도 비슷한 프로세스를 밟았다. "그랬더니 조직 내 반향이 울렸고, 일종의 구호가 되었습니다. 사명은 우리의 마음, 비전, 지성, 영혼을 반영했습니다. 비전은 성장과 변화로 가는 의도적인 방향성을 알려줬지요. 잘하고 있다는 걸 분명히 알려줬어요."

우즈의 사례에서 볼 수 있듯이, 정립된 비전은 명백하고 구체적이며 의미와 열정을 불어넣고, 방향을 확립하는 사명 선언문과 같은 주요 도구와도 맞물린다. 바라는 미래를 선명하게 그려주고, 그 미래는 사명, 핵심 목표, 기업 전략과 일치한다. 결정적으로 직원들이 가진 포부와 조직을 연대시킨다.

과거 존슨앤존슨 인사부 본부장이었던 브래드 닐리Brad Neil-ley는 이렇게 말했다. "비전이 있다는 것은 조직을 어느 방향으로 이끌지에 대한 구체적인 그림이 있다는 뜻입니다. 조직원들에게 명확한 미래상을 제시해 그들도 자신들이 몸담은 조직이 어느 방향으로 나아가고 있는지를 이해하게 됩니다."

자기 점검

과거에 모두가 공유하는 비전을 만들려고 했던 시도를 떠올려보자. 무엇이 잘되었고, 무엇이 생각대로 되지 않았는가?

강력한 단순화의 중요성

비전으로 조직 구성원들을 자극하려면 조직의 미래 방향을 간단하고 연상적으로 전달해 **강력한 단순화**를 이루어야 한다.[11] 조직 구성원들이 비전을 공유해야 한다는 사실은 누구나 알고 있지만, 아는 것과 실천하는 것은 전혀 다른 문제다. 실제로 조직에서 높은 자리로 승진한 많은 임원들이 비전을 세우고 공유하는 일을 버거워한다.

존슨앤존슨 제약사업부 판매 총괄을 지낸 피터 태틀Peter Tattle은 이렇게 언급했다. "조직 전체를 이끌다보면 그만큼 폭넓은 시야를 확보해야 한다는 압박감을 처음으로 받게 됩니다.

당신이 할 일은 그 시야를 간단하고 매력적으로 설명해, 그 시야가 전개될 당신의 비전을 사람들이 지지하도록 만드는 것입니다."

비전을 뒷받침할 이야기나 은유를 만드는 것도 좋은 방법이다. 임박한 위협과 기회, 그에 대해 당신이 어떤 대응 전략을 펼칠지를 설명하는 데 탁월한 효과를 발휘하기 때문이다. 미국 심리학자 하워드 가드너Howard Gardner는 《비전과 포용》에 이렇게 적었다. "리더들이 팀을 성공적으로 이끄는 방법은 자신들이 전달하는 이야기를 통해서가 대부분이다. …… 이들은 말하는 데 그치지 않고 동시에 구현한다. …… 이끌어가고자 하는 방향과 일치하게 행동하며 이야기를 전달한다."[12] 안구 건강 관련 기업의 비전을 요약한 선언문 '삶을 위한 비전Vision for life'을 예로 들어보자. 개인의 인생에서 시력이 어떻게 발전하고 변하는지를 연상시키고, 기업을 고객들의 경험과 더 가까이 이어준 선언문이다.

조직을 자극해 움직이게 하려는 리더에게 스토리텔링은 중요하다. 단순 자료나 데이터 수치로는 불가능하지만, 이야기로는 조직원들 사이에 유대감, 친숙함, 신뢰가 쌓일 수 있다. 이야기는 마음속에 남는다. 사실과 수치를 모아놓은 정보보다 이야기에 있는 정보가 더 정확하게 더 오래 기억에 남는다. 《이야기의 힘Story Proof》과 《똑똑한 이야기Story Smart》의 저자 켄달 헤이븐Kendall Haven은 이렇게 강조한다. "모든 커뮤니케이션의 목표는 청중을 움직이는 것이다. 그들의 태도, 믿음, 지식, 행동을 바꾸는 일은 정보만으로는 어렵다. 연구에 따르면, 잘 짜인 이야기가 가장 효과적인 영향력 행사 수단이라고 한다."[13]

최고의 이야기는 핵심 교훈을 응축해서(과거의 실수도 좋은 이야기 소재가 된다), 당신이 장려하고 싶은 행동 모델을 제시한다. 비전을 담은 이야기는 오랫동안 내려온 기업의 역사와도 맞닿아야 하고, 기업이 이루어온 업적과 앞으로 성취할 목적이 녹아 있어야 한다. 그런 이야기에는 비전을 전달하는 효과가 있다. 또한 조직의 전체적 방향을 담은 전략과 다른 핵심 요소들의 프레임이 잡혀 있다.

조직의 리더는 다섯 가지 전형적인 스토리 프레임을 통해 핵심 비전을 전달한다. **사랑**(조직은 자사 상품, 서비스와 사랑에 빠졌고, 그 사랑을 공유하고 싶다), **만회**(조직은 힘든 시기에서 벗어나고자 한다), **신데렐라**(조직은 역경을 극복하고, 업계에서 두각을 내지 못하는 작은 기업이다), **낯선 땅의 이방인**(조직은 신상품이나 새로운 서비스를 출시할 수도 있다), **성배**(당신은 리더로서 깊은 성취감을 얻고자 하는 야심 찬 계획이 있다)가 그것이다.[14]

한 예로, 아트리움 헬스의 비전 '모두를 위한 건강, 희망, 치료의 증진'은 고객을 최고의 수준으로 돌보겠다는 의지를 담았으므로 '사랑' 프레임에 부합한다. 고객을 중심에 둔 화법의 힘을 활용한 것이다.

자극에 반복적으로 노출되면 해당 자극을 긍정적으로 생각하게 된다는 사회심리학 연구 결과에 근거할 때, 반복도 설득력 있는 커뮤니케이션에 도움이 된다. 이것이 일명 **노출 효과** exposure effect다.[15] 또한 연구에 따르면, 비전을 연설, 이메일, 영상 등 다양한 양식으로 표현하면 메시지가 상대에게 서서히 스며드는 효과가 있다고 한다. 미국의 교육학자 에드거 데일 Edgar Dale의 경험의 원추Cone of Experience 모델에 따르면, 우리는 읽은 것은 불과 10퍼센트, 들은 것은 20퍼센트, 본 것은 30퍼센트 기억한다고 한다. (영상물 같은) 보고 듣기를 동시에 해 습득한 지식에 대한 기억은 50퍼센트, 토론하며 필기하는 것처럼 말하고 쓰며 얻은 지식은 70퍼센트, 시현하며 말하고 행동하면 기억할 확률은 90퍼센트까지 상승한다고 한다.[16] 앞서 인용한 존슨앤존슨 전 인사 총괄 폴 쿨루톤은 이렇게 덧붙인다. "말보다는 강력한 이미지와 아이디어에 근거해 비전을 만들어야 합니다."

또 다른 핵심 요소는 비전에 연상적 키워드, 즉 핵심 가치를 생생하게 구체화하는 명제가 담겨 있어야 한다는 점이다. 연상적 키워드는 열망이나 목표를 명료하게 설명하기보다는 듣거나 보는 사람의 마음속에 그림을 새겨준다. 패스트푸드 체인 맥도날드의 비전 선언문에는 몇 가지 연상적 키워드가 담겨 있다. "우리의 전략은 훌륭한 음식점을 운영하고, 직원들의 역량을 강화하고, 고객과 직원의 문제를 더 빠르고, 더 혁신적이고, 더 효율적으로 해결하는 데 기반을 둔다."[17]

연상적 키워드를 선언문으로 만들 때는 구성 방식(구조와 내용의 흐름)과 느낌(요구되는 행동과 충족해야 할 니즈)을 고려한다. 기업의 비전 선언문은 대부분 밋밋하다. 리더들에게 정보를 충분히 담은 명제를 만드는 일은 어렵고 까다롭다. 강력한 비전이라면 누군가의 마음에 잊히지 않는 이미지를 새겨야 한다.

조직의 리더가 조직에서 일하는 모든 사람과 직접 대화할 수는 없다. 멀리서도 설득할 수 있는 능력을 키워야 한다는 뜻이다. 신념에 차 일하는 조직원들에게 도움을 요청해 주인의식과 열정을 퍼트리는 것이다.

리더는 조직에 적실한 신호를 보내야 하고, 조직원들이 요구하는 변화에 걸맞게 행동해야 한다. 본보기가 되는 행동을 넘어, 일상적으로 비전을 응원하는 결정을 하라는 뜻이다. 이를 위해 자본투자 외에도 충분한 자원을 투입해 비전을 이끌어갈 올바른 인재들을 배치하고, 진행 상황을 평가할 측정 가능한 목표를 설정한다.

문서화된 전략, 복리후생, 평가 체계, 연간 예산은 행동에 영향을 미치는 강력한 장치다. 이런 것들은 기대치를 설정하고 보상과 승진 기준을 명확히 보여주어 직원들을 올바른 방향으로 '떠미는' 효과가 있다. 이런 수단들의 성공 여부는 리더의 권위, 직원들의 충성도, 보상과 승진에 대한 기대에 달려 있다. 이런 수단들은 기업 실적을 개선하거나 기업 문화에 변화가 필요할 때 특히 유용하다.

리더는 매력적인 미래를 구체적으로 제안해 직원 개개인이 변하고 싶다는 욕구가 들도록 직원들을 '끌어당겨야' 한다. 비효율적인 절차와 시간 낭비를 줄이겠다고 약속하거나, 승진 가능성을 높여주는 등 새로운 운영 방식이 기존보다 직원들의 요구사항을 더 충족하리라는 믿음이 생길 때만 가능한 일이다. '끌어당기기'의 형태는 다양하다. 가장 기본적인 방법은 능동적으로 경청하고 관계가 돈독해지는 방향으로 개인적 조언을 주는 것이다. 팀 차원에서는 리더 자신의 개인적인 비전을 정의하고, 그 비전이 팀원 모두에게 감동을 주어 팀 전체를 움직이게 하는 공통의 비전으로 만드는 일이다.

밀고 당기기push and pull는 상호보완적이다. 한 가지 방법만으로는 깊게 뿌리내린 습관이나 업무 관행을 바꿀 수 없고 변화를 일으킬 수도 없다.[18] 리더 대부분은 둘 중 한 가지에만 능숙하다. 양쪽 모두의 역량을 키우려면, 직원들이 원하는 것을 이해하려고 노력하고, 밀고 당기기 능력을 강화할 방법을 찾으려고 애써야 한다. 또한 커뮤니케이션 능력을 보완해줄 사람들을 늘 곁에 두어야 한다.

당신의 계획에 조직을 넓게 개입시키는 일이 중요한 이유는 불필요한 추측을 막아주기 때문이다. 회사에 소문이 많아지면, 정보 공백이 소문으로 채워져 또 다른 소문을 부추기고 진실이 왜곡될 수 있다. 리더는 이야기가 입 밖으로 나가기 전부터 이 야기를 휘어잡아야 한다. 사보 같은 사내 소식지 형태도 좋고, 기업 전문 잡지에 칼럼을 써 비전을 알리는 방법도 있다. 비전 게시판을 만들어 목표를 시각화하는 리더들도 있다. 포스터 크 기에 달성 목표를 구체화한 이미지나 글을 적는 형태다.

새로 부임한 최고경영자는 일찌감치 자신의 비전을 밝힌다. 앨리슨 로즈Alison Rose는 영국 은행 보험 지주회사 냇웨스트 그 룹의 최고경영자로 부임한 첫날, 기업 미래의 비전을 알렸고 직원들이 어떤 기대를 할 수 있는지를 설명했다. 호기심을 잃 지 않고 지속적인 학습 문화를 구축하기 위해 새로운 기술과 역량에 투자한다는 내용이 포함되었다.[19] 기술이 발전하며 기 업의 스토리텔링에도 몰입도와 호감이 강화되었다. 영국의 보 험사 아비바 그룹의 최고경영자 어맨다 블랑Amanda Blanc은 인 터넷에 분기별 실적과 함께 동영상을 정기적으로 올려 약속 이행률 개선, 높은 성과 달성 약속, 변함없는 재무 건전성 등 자신의 포부를 밝히고 강조한다. 2020년에 블랑은 "우리는 승 리할 것입니다."라고 했다.[20] 마지막으로 강조하고 싶은 것은

리더가 믿음직하고 현명한 판단을 내려 존경받으면, 조직원들은 훨씬 더 잘 따라온다는 것이다.[21]

첫 번째로 피해야 할 덫은 핵심 이해당사자가 보기에 너무 거창하거나 비현실적인 비전이다. 한때 막강했던 캐나다 항공기 제조업체 봄바디어의 몰락이 훌륭한 사례다. 봄바디어는 1930년대 스노모빌 제조업체로 시작했다.[22] 이후 1990년대 미국 항공기 제작업체 보잉의 해빌런드De Havilland 사업부를 인수하고, 제트기 제조업체 리어제트도 인수하며 대형 항공기 제조업체가 되겠다는 비전을 밝혔다. 2005년 오랫동안 최고경영자 자리를 지킨던 로랑 보두앙Laurent Beaudoin은 봄바디어 성장에 기름을 붓겠다는 취지로 소형 항공기 C 시리즈 개발에 큰 투자를 감행했다. 일류 글로벌 항공기 제조업체로 거듭나겠다는 보두앙의 비전이었다. 그 과정에서 개발 비용이 초과하고, 개발 지연이 겹치며 기업은 막대한 부채를 떠안았다.[23]

C 시리즈는 원래 계획보다 18개월이 지난 2016년 7월에 서비스를 시작했다. 보두앙이 경쟁사들의 대응을 과소평가한 것이 결정타였다. C 시리즈는 유럽 항공기 제작사 에어버스의 A320 변형 기종들과 경쟁하기 위해 설계되었지만, 에어버스는 가격 인하를 단행하며 정면 대결에 나섰다.[24] 결과는 판

매 부진, 감당하기 힘든 연이은 손실이었고, 에어버스가 C 시리즈를 인수했다.[25] 2017년 봄바디어는 에어버스에 C 시리즈를 1달러 명목 비용에 넘길 수밖에 없었고, 이후 C 시리즈는 A220으로 이름이 바뀌었다.[26] 2020년 봄바디어 최고경영자였던 알랭 벨레마르Alain Bellemare는 사퇴했다.

이 이야기의 교훈은 이렇다. 리더는 절대 무리해서 불가능한 비전에 매달리면 안 된다는 것이다. 대담한 자신감으로 설득력 있는 비전을 제시하는 능력은 바람직하지만, 최초에는 비전처럼 보였던 것도 터무니없는 것으로 판명이 날 수 있다.

자기점검
당신은 비현실적이거나 거창한 비전을 제시하는 리더를 본 적이 있는가? 있다면 결과는 어땠는가?

비전 역량 개발

의도적으로 관찰하고, 창의적인 시각화와 명료화를 연습한다면 당신의 비전이 밝아질 수 있다. 비전 능력을 개발하는 방법 중 하나는 **건축가 훈련법**architect's exercise이다. 새로 지은 집이나 사무실에 들어설 때마다 어떻게 하면 더 편하게 머물고 일하기에 더 매력적인 공간으로 바꿀 수 있을지를 생각하라. 관찰한 바와 그 와중에 얻은 내적 깨달음을 기록하라. 생각을 꾸준히 기록하면 비전을 성장시켜 생각지 못한 아이디어가 솟구칠 수 있다.

'비전 워크숍'을 열어 당신과 당신의 팀이 회사 밖에서 만나 조직의 미래를 함께 그려보는 것도 훌륭한 비전 개발법이다. 조직은 워크숍을 통해 (1장에서 다루었던) 함께 노력하며 패턴을 인지하고, 조직이 장차 직면할 경쟁적, 규제적, 재정적 지형을 예상할 수 있다. 그다음 2장과 3장에서 다룬 시스템 분석과 시나리오 플래닝을 거치며, 조직이 직면한 가장 중대한 문제들을 4장에서 언급한 체계적 문제 해결 접근법으로 모색할 수 있다. 마지막으로 팀과 함께 야심 차고 성취 가능한 최종 결과가 무엇인지를 구체화한다.

참석자들을 소집단으로 나누어 참석자 개개인이 생각하는 이미지를 표현할 장을 마련한다. 팀 구성원들은 이미지를 비교하고 논의한 후 전체 워크숍에서 발표한다. 그 발표를 들으며 리더는 생각을 정돈하고, 경영진이 받아들일 수 있는 변화의 기준을 제시한다. 이 과정의 장점은 리더가 공유된 미래 비전을 수립하는 그 과정이 좀 더 객관적일 수 있다는 점이다. 단점은 이 비전 워크숍에 고위 간부들만 참석하면 부하 직원들의 목소리가 배제된다는 것이다. 일부 리더는 비전이 명확해질 때까지 공개를 꺼리겠지만, 여러 사람을 일찌감치 개입시킨다면 조직원들의 열의를 고취할 수 있다.

요약

비전을 찾는 과정은 미래를 대비한 강력한 비전을 수립하고, 그 비전을 활용해 조직원들을 이끌고 의욕을 불어넣는 일이다. 비전은 조직이 장차 어떤 모습일지를 보여주고, 조직원들의 의욕을 고취하는 한 장의 사진이다. 비전은 조직과 조직원들에게 방향과 목적의식을 심어준다. 리더에게 비전이란 강력한 단순화와 조직의 전략, 정책, 비전과 맞물리는 행동, 스토리텔링을 통해 비전을 개발하고 전달하는 것이다.

다음에서 전략적 사고의 여섯 번째이자 마지막 훈련법인 **정치적 수완**을 살펴보자.

비전 점검표

1. 당신에게 모두가 공유할 수 있는 비전을 고안하는 일이 얼마나 중요한가?
2. 당신은 비전을 수립하는 데, '앞을 내다본 후 거슬러 추론하기'와 '깊이 사고하고 가능성을 상상하기' 이 두 가지 중 어느 방법을 취할 것인가? 두 가지 모두 사용할 의향도 있는가?
3. 어떻게 비전 수립 역량을 키워갈 것인가? 건축가 훈련법을 꾸준히 활용할 것인가?
4. 쉽고 강력하게 전달하는 능력을 어떻게 키워갈 생각인가?

더 읽을 책과 자료

— 짐 콜린스·제리 I. 포라스, 《성공하는 기업들의 8가지 습관》, 위튼 포럼 옮김, 김영사, 2002.

— 사이먼 시넥, 《스타트 위드 와이》, 윤혜리 옮김, 세계사, 2021.

— 사이먼 시넥, 〈위대한 리더가 행동을 끌어내는 법*How Great Leaders Inspire Action*〉(TED 강연).

6장

정치적 수완 훈련

　　　　　정치적 수완이란 조직의 정치 지형을 헤쳐나가고 이에 영향을 미치는 능력이다. 여러 이해관계자 사이의 미묘한 힘의 역학, 그들의 동기와 욕구, 조직이 내린 다양한 결정으로 빚어질 영향을 이해하는 것이다. 정치적 수완이 있으면 목표를 달성하며 사내 정치 지형을 헤쳐나갈 수 있다. 전략적으로 사고하는 조직 리더가 꼭 갖추어야 할 자질이 정치적 수완이다. 정치적 수완은 지식, 실력, 태도가 두루 요구되며, 조직의 자원, 문화, 조직을 둘러싼 정치 환경에 대한 깊은 이해가 있어야 완성된다.

　조직에서 당신의 위치가 올라갈수록 정치색은 짙어진다. 높은 자리에 있는 이들은 똑똑하고 의욕적이기 때문이다. 그들에게는 조직적 개인적 인정과 승진 측면에서 꼭 이뤄내야 할

어젠다agenda가 있다. 조직 상층부의 정치적 기류가 센 또 다른 이유는 해결할 문제와 내려야 할 결정의 수준이 모호하기 때문이다. '올바른' 답이 거의 없어 최선책에 대한 격렬한 토론이 이어진다. 야심이 충만하고, 문제 수준이 더 모호하다는 두 가지 요인이 섞여 조직의 고위층에서는 정치력이 최종 결과의 핵심이 된다. 당신의 목표를 개발하고 실현하려면 조직 안에서 연대를 구축하고 유지하는 일에 전략적으로 접근해야 한다.

또한 조직 외부의 정치 환경을 주도해야 한다. 조직의 수익 창출원이자 가치사슬value chain의 핵심인 고객, 협력업체, 합작 기업, 제휴사와 의미 있는 관계를 구축하고, 그들을 관리해야 한다는 뜻이다. '게임 규칙'을 정하는 관련 정부 기관, 비정부기구, 언론, 투자자 등 힘 있는 단체들에 영향력을 행사하기 위해 팀을 짜야 한다는 의미로 봐도 좋다.

비즈니스 게임 규칙에 입김을 넣으려는 노력은 당신을 '기업 외교관'이라고 생각해보면 더 쉽게 이해할 수 있다.[1] 정부를 대표하는 외교관은 국가 간 관계를 육성하고, 동맹과 협정을 통해 국익을 보호하고 촉진한다. 마찬가지로 기업 외교관이라면 조직의 이익을 보호하고, 증진시켜야 한다.

정치적 수완을 키우려면 정치 지형을 파악해 전략적 목표를 대내외적으로 진전시키는 전략 개발 능력을 반드시 키워야 한다. 이 능력은 정치를 적극적으로 받아들여 정치의 근본 논리를 이해하려는 당신의 의지에 달려 있다. 그 의지를 토대로 정치 지형을 평가하고, 당신만의 비전을 활용해 영향력을 행사할 전략을 짜내는 법을 배워야 한다. 4장에서 다룬 당신의 아이디어에 사람들이 동의하게 만드는 '투명한 절차의 힘'을 이용하는 것, 5장에서 탐구한 사람들을 '끌어당기는' 흡인력 강한 비전의 힘을 깨닫는 것이 그런 전략에 속한다.

정치를 이해하고 수용하라

정치를 적극적으로 포용하지 않거나 그 기본적인 논리를 오해할 때 겪는 위험이 있다. 실제 상황을 요약한 다음의 사례를 살펴보자(기업명과 인물들의 이름은 가명이다). 반 혼 푸드에서 새로운 직책을 맡은 지 불과 4개월 만에 알리나 노바크는 본사의 관료주의에 절망했다. 영업과 마케팅 전문가였던 노바크는 굴지의 글로벌 식품회사 반 혼에서 관리직을 거쳐, 모국인 폴란드를 담당하는 전무이사가 되었다. 그는 특유의 추진력과 결과 지향적 태도를 겸비해 폴란드에서 극적인 성과를 이루었다.

노바크는 고전하던 발칸반도 사업부를 다시 일으켜 세우는 어젠더를 맡았다. 다국적 환경이었지만 노바크는 역시 잘 해냈다. 2년 반 후, 발칸반도 사업은 두 자릿수 성장을 이어가는 궤도에 올라섰다. 고위 경영진은 노바크의 잠재력을 알아봤고, 그가 더 높은 직책에 오르려면 지역 경험이 필요하다고 판단했다. 노바크는 유럽, 중동, 아프리카 지역EMEA 사업 총괄 마케팅 부사장으로 임명되었고, 마케팅 전략, 브랜딩, 신제품 개발을 총괄했다.

반 혼의 보고 체계는 복잡했다. 노바크의 직속상관은 미국 시카고 본사 수석 마케팅 부사장인 마조리 아론이었다. 노바크는 전 직속 상관이자 EMEA 내 모든 상무 이사들에게 보고받던 EMEA 국제부 부사장 하랄드 아이젠버그에게도 업무 보고를 해야 했다.

노바크는 EMEA 지역 전체 상무 이사들, 전 직속 상관과 일대일로 대화를 나누고, 열의에 차 새 직책을 시작했다. 노바크는 그러한 논의와 자신이 현장에서 쌓아온 경험에 근거해 EMEA 지역의 가장 시급한 문제를 찾았다. 그 문제는 제품 개발을 결정할 때 소수의 의견을 따를 것이냐, 아니면 다양한 의견을 수용하느냐 이 둘 사이의 균형을 찾는 일이라고 결론 내렸다. 더 구체적으로 말하면, 회사가 EMEA 지역 전체에서 제품 개발과 포장을 어느 정도 표준화할 것인지, 맛에 지역적 차이를 반영하는 데 어느 정도 융통성을 허용할지의 문제였다.

노바크는 최초 평가 결과와 개선 권고안을 요약해 발표 자료를 작성했다. (전반적인 브랜드 정체성, 시장 포지셔닝과 관련된 결정 등) 어떤 사안에서는 중앙 관리를 늘리고, (레시피에 약간의 변화를 주는 깃과 같은) 일부 문제는 해당 국가 담당 이사들에게 권한을 더 주자는 내용이 자료에 포함되었다. 본사의 마케팅 부사장 아론, EMEA 지역 총괄 부사장 아이젠버그와 화상회의를 했다. 노바크의 제안은 긍정적 평가를 받았다. 그들은 조직의 변화로 가장 크게 영향받을 이해관계자들, 즉 미국의 상품개발 및 마케팅 담당 간부들, EMEA 지역 상무 이사들과 협의할 것을 요청했다.

노바크는 아론의 안내에 따라 우선 제품 개발부 수석 부사장 데이비드 윌러스와 해당 부서 직원들, 마케팅 부서 직원들과 화상통화를 했다. 그리고 상품개발팀과 마케팅 팀원 약 30명을 만나기 위해 시카고로 날아갔다. 회의에서 여러 제안이 나왔는데, 대부분 의사결정을 중앙에 집중시키자는 내용이었다.

노바크는 회의 참석자들의 태도를 보고, 그들의 의견을 들으며 상품개발부와 마케팅 부서 간에 상당한 대결 구도가 존재한다는 사실을 감지할 수 있었다. '정치 지뢰밭을 걷고 있구나.' 하는 생각이 들었다. 회의장을 빠져나오며, 과거 폴란드 상무 이사 시절에 자주 부딪혔던 전임 EMEA 지역 전략 담당자에게 연민을 느꼈다.

EMEA 지역 상무 이사들과의 화상회의도 순탄하지 않았다.

자율성을 늘리자는 제안은 반기면서도, 기존에 누리던 자율성의 제약에는 거세게 반대했다. 모두의 존경을 받던 롤프 에이클리드 상무 이사가 나서 노바크가 제안한 자율성으로 자신들이 포기해야 하는 자율성을 상쇄할 수 없다고 말했다. 노바크는 이들이 담당 지역 매출을 책임지고, 지역 자원 배분에 상당한 자율성을 허락받았기 때문에 변화를 강제할 수 없다는 것을 알았다. 새로운 직책을 둘러싼 정치 환경을 헤쳐나갈 만큼 자신에게 충분한 인내심과 정치적 수완이 있는지 의구심이 들기 시작했다.

노바크의 경험은 조직 리더가 일을 추진하는 데 있어 직책의 권위에 더는 의지할 수 없을 때 어떤 일이 벌어지는지를 보여준다. 노바크가 성공하는 열쇠는 정치적으로 사고하고 행동함으로써, 권위가 아닌 영향력으로 리더십을 발휘하는 것이었다. 그 토대는 조직을 정치적 렌즈로 바라볼 필요성을 인정하고 받아들이는 것이다. 어떤 리더들에게는 쉽지 않은 일이다. 당신이 정치에 질색하더라도 그 거부감을 벗어던져야 한다. 당신이 세운 중요한 목표는 연대 없이 성취하기 어렵다.

조직을 정치적으로 생각하라는 것이 무슨 뜻일까? 그 생각의 시작은 조직과 조직의 외부 환경을 조직적 개인적 **어젠더**를 이루려는 강력한 행위자들의 집합이라고 마음속에 그려보는 것이다. 2장에서 살펴봤듯이, 기업에는 업무 추진에 영향을 미치는 구조와 프로세스가 있다. 앞서 언급한 대로, 야심 찬 사람들과 모호한 문제의 조합으로 인해 조직 윗선에서 (그리고 외부에서) 내려지는 중요한 결정은 핵심 의사결정자들의 **이기는 동맹** 덕분이고, 중요한 결정이 내려지지 않는 이유는 **방해가 되는 동맹** 탓이다.[2]

원하는 목적을 달성하려면 잠재적으로 어떤 동맹이 이기는 동맹이 될지를 파악해야 한다. 당신의 과제를 지지해줄 집단을 찾아 어떻게 동맹을 맺을지를 고민한다. 노바크는 조직 차원에서는 아론과 월레스, EMEA 지역에서는 아이젠버그의 지지가 필요했다. 그들 모두가 노바크가 필요로 한 이기는 연대였다.

장차 당신의 어젠더를 거절할 집단과 그러한 집단의 동맹al-liances을 어떻게 피할지도 생각해야 한다. 동맹으로 당신의 과제에 차질을 빚을 사람들이 누구이고, 그 이유는 무엇일까? 어떻게 반대하려 들까? 반대가 어디에서 어떻게 일어날지 통찰하면 사전에 제거할 수 있다. 노바크의 사례에서는 조직구조와 지역 상무 이사들의 동맹이 방해 요소였다.

관계와 동맹이 같지 **않다**는 점도 인지해야 한다. 관계가 가치 없다는 뜻은 아니다. 관계는 당연히 의미 있다. 하지만 사람들이 이루고자 하는 어젠더와 당신의 어젠더가 조화로운지 아닌지를 이해하는 것도 중요하다. 관계가 연대 구축에 유일한 토대일 수는 없다. 누군가와 돈독한 관계를 쌓을 수 있지만, 서로의 동기가 다를 수도 있다. 누군가와 무덤덤한 혹은 부정적인 관계를 맺고 있으면서도 서로 이루려는 목표가 비슷하거나, 각자의 목표 달성이 상호보완적이라면 동맹을 맺을 수 있다.

영향력이 필요한 이유를 정의하라

영향력을 키우는 첫 단추는 **왜** 사람들의 지지가 필요한지를 명확히 하는 것이다. 노바크의 목표는 EMEA 지역의 마케팅 관련 의사결정이 이루어지는 과정에서 과거와 현재 상사 사이의 합의점을 찾는 일이었다. 노바크가 마주했던 현상 유지는 양측 간에 오랫동안 존재했던 타협이었다. 어떠한 변화도 한쪽이 지고 한쪽이 이기는 제안이 될 수밖에 없었다. 타협이 이루어지려면 양측 모두 찬성하는 일련의 거래가 이루어져야 했다.

> **자기 점검**
> 지금 강력한 영향력이 필요한 문제가 있는가? 체계적으로 정리하는 것이 도움이 되는가? 그렇다면 잠깐 시간을 내 정리해보기 바란다.

핵심 의사결정권자를 파악하라

달성할 목표를 정확히 이해한 당신은 이제 누구의 지지가 가장 필요하고, 어떻게 그 지지를 확보할지에 집중할 차례다. 우선 목표 달성에 필요한 동맹을 누구와 맺을지부터 명확히 한다. 당신은 당신이 영향력을 행사할 수 없는 이들의 지지가 어느 정도 필요한가?

사람들을 포섭하는 데 도움이 될 교환이나 '거래'의 가능성을 모색해야 할 때도 있다. 〈그림 15〉는 필요한 자원이나 동기를 제공하거나 조직 내 더 높은 지위를 약속하거나, 개인적

나의 목적 자신의 목표 명확히 하기 그들의 목적 타인의 목적 평가하기 교환 목적 달성을 위해 대화하기	자원	그들이 목적 달성에 도움이 될 정보(시간, 인간관계 등)를 제공한다.
	지위	지위 향상을 위해 그들을 특정 집단이나 사람들과 연결한다.
	동기	참여를 돕거나 도전적인 일을 맡겨 그들에게 동기를 부여한다.
	지원	믿을 만한 조언자가 되거나, 관계를 지원하는 원천이 된다.
	인정	감사를 표하고 기여를 인정한다.

그림 15 **조직 내 거래에서 통용될 수 있는 공통 통화**

인 도움, 단순한 인정 등 조직 내 거래에서 통용될 수 있는 공통적인 '통화'를 정리했다. 이 거래를 잘하려면 자신이 원하는 바는 물론, 상대가 가치 있다고 여기는 것이 무엇인지 알아야 한다.

잠재적 거래 수단을 파악하는 것 외에도 **상황 압박**이 작용하고 있는지도 살펴본다. 중요한 의사결정권을 쥔 이들이 활동하는 환경에서 그들에게 작용하는 힘을 이해한다. 원동력과 억제력 측면에서 생각하라. 원동력은 당신이 원하는 방향으로 사람들을 밀어올리고, 억제력은 사람들이 거절할 수 있는 상황적 이유를 제공한다.[3] 사회심리학 연구 결과, 인간이 특정 방향으로 행동하는지 결론 내리는 데 있어 개인 인성의 영향을 과대평가하고, 환경이 미치는 영향은 과소평가하는 것으로 나타났다.[4] 노바크의 사례에서 EMEA 지역 상무 중 에이클리드가 노바크의 제안에 반대한 이유는 에이클리드의 융통성 부족일 수도 있고, 자신의 권한과 지위를 지키려는 개인적 필요성이나 경영 목표 달성과 같은 상황 압박이었을 수도 있다. 당신이 영향을 미쳐야만 하는 사람들을 움직이는 힘이 무엇인지를 고민한다. 그 후 추진력을 키우고, 제약을 걷어낼 방법을 모색한다.

당신이 영향력을 행사하려고 하는 사람들이 제시된 대안이나 선택을 어떻게 인식하는지 파악한다. 그들이 선택할 수 있다고 믿는 것들은 무엇인가? **대안 인식 파악**의 핵심은 그들이 노골적이거나 은밀한 저항으로 현상을 유지할 수 있다고 믿는지를 헤아리는 능력이다. 그렇게 믿고 있다면 이제는 그것이 유효기간이 끝난 선택이라고 그들을 확신시켜야 한다. 사람들이 자신의 행동과 관계없이 어쨌든 변화가 일어날 것이라고 믿게 되면 그 순간부터 게임의 속성은 막연한 거부에서 변화에 대한 경쟁으로 변한다. 노바크는 핵심 의사결정권자들에게 현상을 더는 이어갈 수 없고, 변화가 필요하다고 설득했을까?

합의 사항의 실행에 대한 우려도 같은 범주에 속한다. 사람들은 양보해봤자 결국 이용당한 꼴이 될 테니, 위험하게 앞에 놓인 대안을 선택하기보다 현상 유지를 위해 싸우는 쪽이 낫다고 판단할 수도 있다. '불안한 거래'에 대한 걱정이 생각의 진전을 막는다면, 신뢰를 끌어올릴 방법을 찾는다. 예를 들어, 변화의 단계적 적용을 제안하고, 단계마다 전 단계 실행 성과를 연결 짓는 것이다.

> **자기 점검**
> 다음 표를 활용해 핵심 의사결정권자들을 포섭할 수 있는 잠재적 거래 조건을 평가하라. 또한 그들이 처한 상황적 압박과 그들이 생각하는 대안적 선택에 대한 그들의 인식을 평가하라.

핵심 의사결정권자	가능성 있는 거래	상황 압박	대안

인플루언스 네트워크 매핑

의사결정을 하는 사람들은 보통 자신들이 조언을 구하는 사람들의 의견에 영향받는다. 그래서 **인플루언스 네트워크**influence networks를 파악하는 데 수고를 들여야 한다. 이 질문을 자신에게 해본다. '당면한 문제와 관련해 누가 누구에게 영향을 미치고 있는가?' 인플루언스 네트워크가 당신의 목적 달성 여부에 엄청난 역할을 할 수도 있다. 의사결정권자들은 중요한 사안을 결정할 때, 신뢰하는 이들의 의견을 존중한다.

인플루언스 네트워크는 정식 조직구조와 더불어 병행해 의사소통과 설득을 위해 사용되는 채널로, 일종의 그림자 조직이다.[5] 이 인플루언스 네트워크를 어떻게 그려야 할까? 간단한 방법은 노바크의 예를 반영한 〈그림 16〉의 '과녁' 표를 참

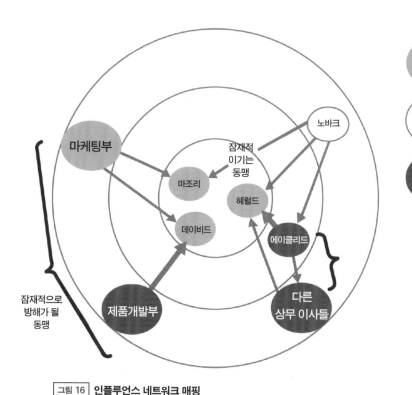

지지

중립

반대

영향력의
방향과
강도

마케팅부

잠재적
이기는
동맹

마조리

노바크

헤럴드

데이비드

에이클리드

잠재적으로
방해가 될
동맹

제품개발부

다른
상무 이사들

그림 16 **인플루언스 네트워크 매핑**

조하는 것이다. 가장 먼저 핵심 의사결정권자들을 파악하고,
이들을 정중앙에 배치한다. 그다음 핵심 의사결정권자들에게
영향력을 행사하는 사람들이나 집단을 파악해 과녁 바깥쪽에
놓는다. 중앙에서 멀어질수록 영향력이 덜하다는 의미다. 화
살표로 영향력의 방향을 표시하되, 화살표 굵기로 영향력의
강도 차이를 표시한다. 당신이 생각하기에 누가 도움이 될지,

중립적일지, 반대할지를 판단한다. 마지막으로 이기는 동맹과 방해가 되는 동맹을 분류한다.

영향력 전략 수립하기

포섭할 필요가 있는 사람들에 대해 더 깊이 이해했으니, 이제는 일곱 가지 '수단'을 활용해 영향력 행사 전략을 짤 수 있다.

- 협의
- 틀 잡기
- 사회적 압박
- 선택지 꾸미기
- 옭아매기
- 순서 정하기
- 행동 강요

협의는 사람들에게 결과에 관여했다는 느낌을 심어 지지를 유도하는 영향력 행사 기법이다. 목표를 달성하는 협의는 능동적인 경청을 의미한다. 전 제너럴 일렉트릭 최고경영자 제프리 이멜트Jeffrey Immelt는 "불확실성이 증가하고 변화가 빠르게 진행되는 시대에 가장 저평가되고 방치되는 경영 능력"이 경청이라고 말한다.[6] 그런데도 리더들은 지위가 상승하면서 경청을 게을리하는 경향을 보인다. 부하 직원들은 당신이 듣기 싫을 만한 이야기를 꺼내기를 꺼리게 된다. 이는 조언을 구하고 사람들의 의견을 당신의 접근 방식에 접목하려고 노력한다면 극복할 수 있다. 협의의 시작은 집중해서 진실하게 질문하고, 사람들이 실질적인 우려를 말할 수 있도록 장려하는 것이다. 그리고 당신의 의견을 들려주는 것이다.

이렇게 하면 당신이 주의를 기울이고 대화를 진지하게 받아들이고 있다는 신호가 상대에게 전달된다. 영향력 전략인 능동적 경청이 발휘하는 힘은 심각하게 과소평가되고 있다. 경청하면 사람들의 동의를 얻기 수월해지고, 그들의 생각을 이끌어 생산적인 방향으로 선택의 틀을 잡을 수도 있다. 리더가 어떤 질문을 하고 질문의 답을 어떻게 요약하는지가 사람들의 인식에 큰 영향을 미치기 때문에, 능동적인 경청과 그 이후의 틀 잡기는 강력한 설득 기술이라 할 수 있다. 능동적으로 듣는 방법에 대한 추가적인 조언은 표를 참조하기 바란다.

틀 잡기framing란 논거와 비유를 들어 해결할 문제에 대한 당신만의 정의와 수용할 수 있는 해법을 논리정연하게 전달하는

들어주기

상대에게 온전히 집중하기

- 앞에 있는 사람에게 온전히
  집중하라. 컴퓨터 화면을 끄고
  핸드폰도 치우라.

- 꾸준히 눈을 마주쳐라.

- 다른 사람이나 주변으로 시선을
  돌리지 말아라.

- 상대가 한 말을 '그러니까 제가
  듣기로는'과 같은 식으로 바꿔
  물어라.

- 필요하다면, '제가 들은 것이
  맞다면' '그러니까'처럼 들은
  내용에 대한 이해를 분명히 하라.

격려하기

상대가 마음속 이야기를 할 수 있도록
격려하기

- 개입을 최소화하고, '아', '음',
  '예'처럼 이해하고 듣고 있음을
  말로 표현하라.

- 듣고 있다는 표시로 고개를
  끄덕여라.

- 상대 쪽으로 몸을 기울여라.

- 말을 끊지 않고 판단은 잠시
  미루고, 해결책을 제시하지 말라.

- '당신은 지금 기분이 아마도'와
  같은 반응으로 상대의 감정을
  인정하고 공감하라.

질문하기

자신의 믿음을 확인하려고 하기보다
대화에서 배움 얻기

- 생각해서 답해야 하는 질문을
  던지고, '예/아니요'로 답할 수 있는
  질문을 피하라.

- '그것에 대해 더 말해주세요'
  요청하고, 더 많은 정보를
  끌어내라.

- '왜 그렇게 생각하세요'라고 질문해
  인과관계를 이해하라.

- '만약 …라면 무슨 일이
  일어날까요?'와 '그러면 어떤 일이
  일어날까요'라고 질문해 결과를
  다각도에서 고려하라.

요약하기

듣고 동의한 사항을 요약하기

- '우리가 논의한 사항을
  정리하자면…'식으로, 결론을
  내리는 말로 시작하라.

- 대화의 가장 중요한 사실, 정보,
  합의사항을 포함하라.

- '그래서 제 결론에
  동의하시죠?'라고 해, 상대도
  당신과 동의하는지 확인하라.

- 대화에 응해준 것에 고마움을
  표현하라.

것이다. 이는 상대에게 맞는 설득력 있는 일대일 논리를 짜는 것을 말한다. 당신이 포섭하려는 사람들이 가진 동기와 과제를 최대한 이해한 후, 핵심 인원들이 주어진 대안을 바라보는 시각을 조정해야 한다.

예를 들어, 노바크는 에이클리드 상무 이사를 반대편에서 최소한 중립으로, 이상적으로는 자기편으로 만들지를 고민했다. 에이클리드는 노바크가 도와줄 특별한 걱정거리가 있었을까? 실행이 보장된다면 에이클리드가 매력적이라고 생각할 거래 조건이 있었을까? 노바크의 방식을 지지해주는 대가로 에이클리드가 추진하려던 과제를 도울 방법이 있었을까?

논리의 틀을 잡을 때 기억할 것은 아리스토텔레스의 수사학에 등장하는 **로고스**logos, **에토스**ethos, **파토스**pathos 개념이다.[7] **로고스**는 논리적 주장을 펼치는 영역이다. 데이터, 사실, 합리적 이성을 활용해 변화가 왜 필요한지 근거를 짜는 것이다. **에토스**는 의사결정 과정에서 꼭 필요한 공평함의 원칙과 팀워크 문화의 가치를 끌어올리는 것과 관련된다. **파토스**는 당신이 영향을 미치고자 하는 이들과 감정적 소통을 늘려가는 것으로, 의욕이 솟게 만드는 목표를 제시하는 것이다.

일반적으로 틀 잡기는 몇 개의 핵심 논리가 충분히 이해될 때까지 반복해서 전달하는 것을 의미한다. 5장에서 다룬 강력한 단순화 개념과 근본적으로 유사하다. 학습 내용을 반복할

로고스 :데이터와 합리적 논거	• 어떤 데이터와 분석자료가 설득력이 있을까? • 어떤 논리에 그들이 설득될까?
에토스 :원칙, 정책 및 기타 '규칙'	• 그들이 꼭 지켜져야 한다고 믿는 원칙이나 정책이 무엇인가? • 만약 당신이 사람들에게 원칙이나 정책에 반하는 행동을 하도록 요구한다면 그 예외를 정당화할 방법이 있는가?
파토스 :정서와 의미	• 애사심이나 공동목표에 대한 기여 같은, 활용할 수 있는 감정적 '트리거'가 있는가? • 원대한 목표를 지지하거나 반대해 사람들에게 의미를 불어 넣을 수 있는가? • 사람들이 감정적으로 과민반응을 보이면, 진정시켜 균형 잡힌 시각을 넣어줄 방법이 있는가?

때 그 효과가 극대화되기 때문에, 반복은 교육적 효과가 탁월하다. 같은 노래를 서너 번 듣고 나면 잘 잊히지 않는 것과 같다. 하지만 노래를 너무 자주 들어 질릴 수도 있다. 마찬가지로 같은 말을 반복하면 설득하겠다는 속내가 훤히 드러나 오히려 반발을 살 수 있다. 효과적인 의사소통의 기술은 앵무새처럼 들리지 않을 정도로 반복하고, 핵심 주제를 상술하는 것이다.

제시할 논거의 틀을 잡을 때는 반대편 진영 사람들의 반론을 예상하고, 그에 맞서 당신의 논거를 어떻게 '예방 접종'할지 고려하라. 그에 맞선 당신의 논거를 사람들에게 어떻게 '예방 접종'을 할 수 있을지 고려하라. 빈약한 논리에 당신이 단호하게 반박하는 모습을 사람들이 보게 된다면, 그들은 비슷한 반론이 강력하게 제기되더라도 이미 그에 대한 면역력을 갖추고 있게 될 것이다. 논리의 틀을 잡는 데 꼭 확인할 목록을 표로 쉽게 정리했다. 분류 항목과 항목별 세부 질문들을 활용해 사람들을 설득할 최고의 방법을 찾기 바란다.

사회적 압박은 주변 사람들의 의견, 소속된 사회, 집단 규범이 가하는 설득력 있는 영향력을 말한다. 높이 평가받는 누군가가 어떤 결정을 지지했다는 사실을 아는 것만으로도 그 결정이 매력적으로 보일 수 있다. 오피니언 리더가 지지를 약속하고, 자신의 네트워크를 동원하도록 설득한다면 당신이 활용할 힘은 막강해진다.

《설득의 심리학》의 저자 로버트 치알디니Robert B. Cialdini와 같은 사회심리학자들의 연구에 따르면, 사람들은 다음과 같은 방식으로 행동하기를 선호한다고 한다.[8]

- **확고한 가치, 신념 기반 일관성 유지**: 우리는 공감대를 형성한 이들과 가치를 공유하려고 하는 성향이 있다. 자신의 가치에 어긋나는 행동을 요청받으면 당연히 거부한다. 제임스 클리어 James Clear는 논문 〈사실이 우리의 마음을 바꾸지 않는 이유 Why Facts Don't Change Our Minds〉에서 사람들은 정체성과 깊이 연관된 것들을 바꾸려 하지 않는다고 강조한다.[9]

- **약속, 결정에 따른 행동 유지**: 약속을 지키지 않으면 사회적 처벌이 따른다. 일관성이 없으면 신뢰를 잃고 평판에도 금이 간다. 사람들은 먼저 한 약속을 뒤집거나 부정적 선례를 만들만한 선택을 하지 않는다.
- **보답**: 상호관계는 강력한 사회규범이다. 사람은 자신이 과거에 받은 호의에 호소하며, 누군가가 도움을 요청하면 쉽게 거절하지 않는다.
- **평판 유지**: 평판을 지키거나 높여주는 선택은 긍정적으로 보고, 반대로 해가 될 선택은 부정적으로 본다.

한 사람의 정체성과 그들이 이미 한 약속에 반하는 일, 지위를 깎아내릴 수 있는 일, 명성에 해가 되는 일, 신뢰하는 이들의 반감을 사는 일을 가능한 한 요구하지 말아야 한다. 당신 편으로 만들려는 누군가가 이미 한 약속이 있다면, 그 약속에서 '우아하게' 빠져나와 당신과 새로운 약속을 할 방법을 찾아야 한다는 점을 기억하라.

선택지 꾸미기choice-shaping란 당신의 제안을 바라보는 사람들의 시각에 영향을 주는 것을 말한다. 어떻게 거절할 수 없게 만들 것인가?《Yes를 이끌어내는 협상법》의 저자 로저 피셔 Roger Fisher의 말대로, 늘 '예라고 답할 수밖에 없는 제안'을 하는 것이다.[10] 선택지에 선택의 수를 여러 개 넣어야 할 때도 있고, 적으면 더 좋을 때도 있다. 누군가에게 부정적 선례가 될 일을 지지해달라고 요청해야 한다면, 그 일은 다른 결정과는 관계없는 이례적인 경우라고 설명하는 것이 최선일 수도 있다. 혹은 더 중요한 문제와 연관되어 있다는 식으로 납득시켜야 할 수도 있다.

어느 한쪽이 이기면 다른 쪽이 지는 제안으로는 사람들을 설득할 수 없다. 사안이나 선택지의 범위를 확대해 파이를 키우면 양쪽 모두에게 이득인 거래를 유도할 수 있다. 같은 맥락으로, 유해하고 타협이 허용되지 않는 제안으로는 앞으로 나갈 수 없다. 해당 문제를 미뤄두거나 불안을 가라앉힐 만한 약속을 즉각적으로 하면 진전을 막는 허들을 치워버릴 수도 있다.

옭아매기entanglement는 한발 한발 나아가다보면 목표 지점까지 다다를 수 있다는 생각이다. 매일의 작은 한 단계가 다음 단계로 갈지 말지를 결정하는 기준선이 된다. 때문에 A에서 B까지 갈 점진적인 진로를 짜는 일은 목표를 달성하는 영향력 행사 전략이다. 조직의 문제를 함께 진단하는 데 조직 구성원들을 개입시키는 것도 일종의 옭아매기다. 문제 진단 과정 초기에 핵심 인물들을 개입시키면, 이들은 결정을 까다롭게 내릴 수밖에 없다. 일단 어느 문제에 대한 합의가 생겼다면, 선택 항목을 구체적으로 살펴보고 각각의 선택 항목을 평가할 기준을 마련한다. 이 과정 막바지가 되면 사람들은 최초에는 절대 동의하지 않았을 결과를 기꺼이 받아들인다.

옭아매기의 강력한 힘을 고려할 때, 잘못된 방향으로 가속이 붙기 전 의사결정에 영향력을 행사하는 것이 중요하다. 문제를 수면 위로 끌어올려 프레이밍을 주도하면 조직에서 자신의 입지를 굳힐 수 있다. 조직의 의사결정 과정은 흐르는 강물과 같다. 특정 문제와 관련된 중대한 결정은 그 문제를 정의하고 대안을 파악한 후, 각각의 대안이 가진 장단점을 평가하는 기준을 수립했던 이전 절차에 기초한다. 문제와 문제 해결 방법이 명확해진 시점에 강물은 어느 한 방향으로 힘차게 흐른다.

순서 정하기sequencing는 3장에서 자세히 살펴본 것처럼, 원하는 방향으로 기세를 몰아가기 위해 영향을 미칠 사람들의 순서를 전략적으로 정하는 것이다.[11] 누구를 먼저 공략하느냐로 제휴 구축의 선순환을 일으킬 수 있다. 모두의 신임을 받는 사람을 당신 편으로 만드는 데 성공하면 그 외의 인물들을 당신 편으로 만들 수 있고, 그렇게 자원의 기반이 탄탄해진다. 폭넓은 지지 기반은 또 다른 지지층을 유도하고 당신이 이루려는 목표의 성공 가능성을 높인다. 예를 들어, 노바크는 반 혼 푸드 조직 전체의 영향력 서열 평가를 토대로, 마케팅 핵심 인사들을 먼저 접촉한 후 상품개발부 수석 부사장 월레스를 만나 그의 지지를 확보해야 했다.

노바크가 일대일 접촉과 그룹 회의를 주도면밀하게 계획했다면, 추진 계획에 가속도가 붙었을 것이다. 관건은 개인적 접촉과 집단적 접촉의 최적 배합이다. 일대일 회의에서 사람들의 생각을 듣고, 새로운 추가 정보를 제공해 그들의 관점을 변화시킬 수 있다. 또한 이면 거래도 제시할 수 있어 동태 파악에 효과적이다. 하지만 협상의 중요성이 크면 협상 참가자들은 해당 협상에 이해관계가 있는 다른 사람들과 직접 대화하지 않고 선뜻 양보하거나 약속하려고 들지 않는다. 그럴 때 그룹 회의가 특히 유용하다.

행동 강요action-forcing events는 사람들이 결정을 미루거나, 필요한 희소자원 투입을 망설이거나 거부하지 못하도록 하는 방법이다.[12] 당신의 성공에는 여러 사람의 협동이 중요하다. 한 사람이 우물쭈물하면 그 기운이 다른 사람들도 전염시켜 움직이지 않게 만들 수 있다. 사람들이 행동을 취하지 않을 가능성을 일찌감치 차단해야 한다. 즉 행동을 강제할 방법을 정하는 것이다. 회의, 검토, 화상회의, 기한 설정과 같은 방법이 추진력

을 일으켜 사람들에게 완수해야 한다는 심리적 압박감을 줄
수 있다.

정서 지능의 중요성

당신의 영향력은 이루고자 하는 목표와 개개인의 관점을 넘어
당신의 정서 지능에 의존한다. 정서 지능이란 상대방의 입장
에서 생각해보는 능력이다. 정서 지능이 높을수록 사회적 영
향력의 토대인 타인의 감정 '읽기'에 뛰어나다. 정서 지능을 키
우려면 사람들이 몸으로 하는 언어를 읽고, 분위기를 파악하
고, 능동적으로 경청하는 연습을 꾸준히 해야 한다. 다시 말해,
수동적으로 듣기만 하는 것이 아니라, 언어에 녹아 있는 의미
를 의식적으로 이해하려고 노력해야 한다.

자기 인식은 자기 행동과 감정을 관리하는 데 유용하다. 분
노나 짜증 같은 부정적 감정을 불러일으키는 요인이 무엇인지
파악하는 것은 물론, 자신의 감정이 타인에게 어떤 파장을 일
으키는지를 관찰하면 자기 인식 능력이 높아진다.

정서 지능 발달에 효과적인 방법 중 하나는 '지각 위치percep-tual positions' 훈련이다.[13] 힘든 상황에 놓였을 때 자신의 관점이 아닌 타인의 관점을 의식적으로 받아들이는 것이다. 세상을 이해관계와 목표의 관점에서 바라보는 것은 어찌 보면 당연하다. 그러나 그 관점에 함몰되면 사각지대나 편견이 생겨 진짜 문제를 못 보거나 건설적인 문제 해결이 어려워진다.

정서 지능 발달은 타인 혹은 관계자들의 시각으로 상황을 이해해보는 것에서 시작된다. 최대한 그들의 입장에 서려고 노력하라. 이때 기억할 것은 '공감'과 '동정'이 다르다는 점이

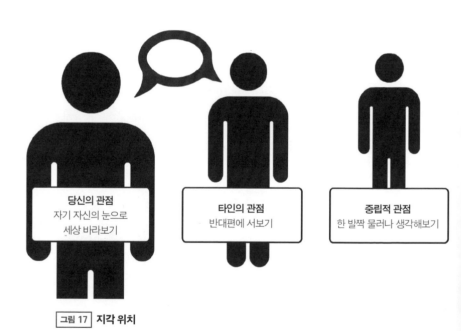

당신의 관점
자기 자신의 눈으로
세상 바라보기

타인의 관점
반대편에 서보기

중립적 관점
한 발짝 물러나 생각해보기

그림 17 **지각 위치**

다. 타인의 관점을 이해한다는 것은 당신의 목적을 포기하라는 뜻이 아니다. 깊이 있는 이해가 해로운 경우는 드물다.

두 번째는 현상에 대한 중립적이고 냉철한 시각을 갖는 것이다. 자신에게 이렇게 물어라. 이 상황을 경험해본 적 없고, 분명한 이해관계도 없는 누군가가 이 상황을 어떻게 바라볼까? 이 상황에 대해 그들은 어떻게 조언할까?

이 훈련의 목적은 세 가지 다른 시각을 물 흐르듯 자연스럽게 옮겨 다니는 데 있다. 당신은 상황을 어떻게 바라보고 있는가? 스스로의 관점을 파악했다면, 다른 쪽으로 이동해 새로운 비전과 관점이 생기는지를 파악한다. 한 발짝 물러나 중립적 시각으로 문제를 살펴보고 새로운 측면이 드러나는지 살핀다. 최종적으로, 다시 당신의 시각으로 돌아와 상황을 바라보는 당신의 생각이 변했는지를 들여다본다. 지각 위치를 성실히 훈련하면 정서 지능이 크게 발달한다. 발달한 정서 지능을 활용해 사람들에게 영향력을 행사하는 능력 또한 개선된다.

정치적 수완 키우기

세상을 정치적 렌즈를 끼고 보면 정치적 수완을 키울 수 있다. 시간을 갖고 조직과 조직을 둘러싼 정치 지형을 관찰하고 분석하라. 누가 영향력을 가지고 있는지 조사하는 것에서 시작하라. 그들의 어젠더와 영향력의 원천은 무엇인가? 그들이 깊이 있는 전문 지식이나 정보에 대한 접근력을 가지고 있는가? 아니면 핵심 의사결정권자나 다른 영향력 있는 이들과 연대한 덕분인가?

그다음에 앞서 논의한 틀 잡기, 선택지 꾸미기, 순서 정하기와 같은 영향력 행사 도구를 사용하라. 영향력 있는 이들의 이해관계에 최대한 호소하려면, 당신의 주장을 어떻게 틀 잡아야 할지 생각하라. 당신은 그들이 자신들에게 제시된 선택지를 어떻게 인식하기를 바라는가? 당신의 목표가 탄력을 받으려면 누구부터 공략해야 하는가?

마지막으로 네트워크 키우기에 집중하라. 정치적 수완에는 조직 안팎에서 관계망을 구축하는 일도 포함된다. 네트워크를 키우는 데 시간을 투자해 전략적 관계도를 다양하게 그려가면 당신의 영향력도 함께 성장할 것이다.

요약

정치적 수완을 갖추면 조직의 정치 지형을 누비고 다니며 영향력을 행사할 수 있다. 근본적인 힘의 역학 관계, 다양한 이해당사자들이 이루려는 목표, 그들이 행사하는 영향력의 패턴을 이해한다면, 당신의 목표를 지지하는 동맹을 구축하고, 전략을 세우기 수월하다. 협의, 틀 잡기, 사회적 압박, 선택지 꾸미기 등 영향력을 행사할 다양한 방법이 있다.

정치적 수완 점검표

1. 과제를 완수하기 위해 조직 안팎에서 구축해야 할 가장 중요한 동맹은?

2. 영향력 있는 사람들이 추구하는 과제는 무엇인가? 어느 측면에서 당신의 과제와 맞물리거나 충돌하는가?

3. 조직에서 영향력은 어떻게 작동하는가? 핵심 사안에 있어 누가 누구의 의견이나 결정을 따르는가?

4. 핵심 인물들의 동기는 무엇이고, 그들 앞에 놓인 선택지에 대한 그들의 인식에 영향을 미치는 상황 압박은 무엇인가?

5. 영향력 전략이 효과를 발휘하려면 어떤 요소들이 필요한가? 당신은 주장의 틀을 어떻게 잡을 것인가? 옭아매기, 순서 정하기, 행동 강요 등의 방법이 도움이 될까?

더 읽을 책

— 로버트 치알디니,《설득의 심리학》, 황혜숙·임상훈 옮김, 21
세기북스, 2023.

— 로저 피셔·윌리엄 유리·브루스 패튼,《Yes를 끌어내는 협상
법》, 박영환·이성대 옮김, 장락, 2014.

— 윌리엄 유리,《혼자 이기지 마라》, 이수정 옮김, 스몰빅라이
프, 2016.

— 제프리 페퍼,《권력을 경영하는 7가지 원칙》, 장진영 옮김, 비
즈니스북스, 2023.

전략적 사고
능력을 함양하라

서론에서 전략적 사고 역량STC을 아래의 공식으로 압축적으로 설명했다.

전략적 사고 역량STC = 재능 + 경험 + 훈련

당신의 **재능**은 유전적일 뿐 아니라 성장 과정에서 후천적으로 다져진다. **경험**은 전략적 사고 능력을 키워나갈 수 있는 상황에 노출되는 것으로, 상급자에게 당신의 능력을 보여주는 상황이 이상적이다. **훈련**은 전략적 사고 근육을 단련하기 위한 정신 수양이다.

재능은 그 언어적 정의에 근거할 때, 당신이 재능을 갖기 위해 할 수 있는 일이 별로 없다. 출발점이 다른 이상 부단히 노력하는 것이 최선이다. 경험을 쌓으며 뇌를 훈련하는 것이다.

경험을 쌓으려면 상황에 노출되어라

인맥 쌓기의 기본 원칙은 '누구를 아느냐가 아니라 누가 당신을 아느냐'다. 이는 전략적 사고의 핵심이기도 하다. 전략적 사고에 능숙한 것만으로는 충분하지 않다. 팀장, 부서장, 인사과 간부 등 장차 당신 경력에 영향을 미칠 이들이 당신의 능력과 잠재력을 알게 해야 한다.

전략적 사고 기술을 보여줄 기회를 얻지 못해 대개 눈에 띄지 못한다. 주목받으려면 직책이나 업무와 상관없이 일곱 가지 실행 기술을 유념해야 한다.[1]

- **당신이 큰 그림을 본다는 사실을 보여줘라.**

  당신이 조직의 환경과 어려움을 깊게 이해하고 있다는 사실을 알린다. 현안을 큰 그림과 연결할 기회를 찾아 논의하라.

- **비판적 사고자임을 입증하라.**

  항상 탄탄한 분석에 근거해 주장하고, 어떻게 그런 결론에 다다랐는지 보여준다. 글이든 말이든 간결하고 논리적인 의사소통 방식을 추구한다.

- **나름의 의견이 있어야 한다.**

  전략적으로 문제를 논의할 일이 있다면 사전에 핵심 주제와 분석 자료를 검토한다. 성과를 촉진하는 비전, 의견, 질문을 미리 준비한다.

- **흐름을 읽어 잠재적인 미래를 구상할 능력이 있음을 부각하라.**

  당신이 조직의 동향을 예의주시하고 있음을 알려라. 현재를 넘어 미래의 전개 방향을 예측할 눈이 있다는 것을 증명하라.

- **전략적 사고자처럼 말하라.**

  '전략 목표,' '근본적 원인,' '경쟁 구도' 같은 전략적 사고 능력을 부각할 어휘들을 사용하라.

- **건설적으로 도전하라.**

  훼방 놓거나 무례하지 않은 범위에서 어려운 질문을 하라. 액면 그대로 상황을 보는 대신 몇 '수'를 내다보고 상황을 탐색하고 예측하는 모습을 보여라.

- **문제를 같은 각도에서 보기보다 재구성하라.**

  문제를 정의해 잠재적 해법을 마련할 새로운 방법을 모색하라. 다양한 관점에서 문제를 바라보는 유연함을 어필하라.

뇌 훈련하기

"전략적 사고는 리더가 잠재적 위협과 기회를 인지해 우선순위를 정하고, 자신과 자신이 이끄는 조직을 동원해 미래로 진일보할 유망한 방향을 구상하고 실행하는 데 사용하는 일련의 정신 훈련이다." 나는 이렇게 전략적 사고를 정의했다. 또한 전략적 사고 능력을 탄탄하게 할 총 여섯 가지 정신 훈련법인 패턴 인식, 시스템 분석, 정신적 민첩성, 체계적 문제 해결, 비전, 정치적 수완을 정의했다.

여섯 가지 훈련을 통해 당신의 지적 능력을 끌어올릴 수 있다. 우리 뇌의 신경 가소성 덕분이다. 1990년대 후반까지 과학자들은 인간의 뇌가 유아기 이후부터는 비교적 변화가 없다고 믿었다. 이후 여러 연구를 통해 뇌는 특정 방식으로 자극받으면 정보를 처리하는 신경회로와 신경회로 간 연결망을 지속해서 구축하는 엄청난 능력이 있다는 것이 밝혀졌다.[2] 이 과학적 사실을 전략적 사고 능력에 적용해보면, 전략적 사고 능력도 올바른 정신 훈련으로 향상시킬 수 있는 능력이라는 결론이 도출된다. 이 책에 여섯 가지 훈련 방법을 요약했다. 적절히 배합해 당신만의 규칙적인 훈련계획을 수립하기 바란다.

패턴 인식 능력 훈련

패턴 인식이란, 세상에서 일어나는 일들의 규칙이나 패턴을 파악하고 감지하는 능력이다. 조직의 패턴을 인식하는 것은 조직이 운영되는 생태계의 복잡하고 불확실하며 변화무쌍하고 모호한 지점을 알아채고, 잠재적 위협과 기회를 식별하는 능력이다. 패턴 인식 능력을 키우고자 한다면 아래 사항에 집중한다.

- **근원적 작동 방식에 대한 이해**

  인간의 패턴 인식 능력 근저에 깔린 원리와 작동 방식을 이해하면, 뇌가 어떻게 패턴을 처리하고 인식하는지를 이해할 수 있다. 그 이해가 패턴 인식 능력 향상 전략 수립에 도움이 될 것이다.

- **몰입**

  패턴 인식 능력은 특히 관심 분야에 몰입하면 좋아진다. 그 분야에서 변화를 이끄는 주요 변수들을 파악해 동향을 감지하라. 왜 그런 트렌드를 타는지 호기심을 발휘해 탐구하라.

- **전문가와의 교류**

  당신의 관심 분야에 이미 깊게 이해하고 있는 이들을 찾아라. 의미 있는 신호와 무의미한 소음을 어떻게 구분하는지 가장 중요한 패턴을 파악하라.

시스템 분석 능력 훈련

시스템 분석은 복잡한 영역에 대한 간결한 틀을 잡는 일이다. 시스템 구성 요소들을 개별적으로 보기보다, 구성 요소들의 연관성과 상호작용에 집중한다. 시스템 분석 능력을 키우려면 아래 사항들을 유념한다.

- **시스템 분석의 원칙 이해**

  복잡한 시스템을 효과적으로 이해하려면, 그 시스템의 바탕 개념과 개념이 적용되는 방식을 이해해야 한다. 책, 자료, 기사를 읽고, 워크숍이나 훈련 프로그램에 참석하고, 시스템 사고에 통달한 이들 옆에서 일해본다.

- **시스템 분석 훈련**

  시스템 사고도 훈련하면 나아진다. 세상을 시스템 측면에서 보면 그 방면에 밝아진다. 시스템 사고를 실제 문제에 적용하거나 경영 사례 연구나 모의훈련을 해보는 것도 좋다.

정신적 민첩성 훈련

정신이 민첩하면 상황을 다양한 관점에서 볼 수 있다. 잠재적 상황을 고민해 어떤 결정을 내릴지, 그 결정에 대한 반응을 예상할 수 있다. 눈앞의 상황을 뛰어넘어 결정이 초래할 장기

적 영향을 고려할 수 있다. 정신적 민첩성 훈련은 이렇게 하면
된다.

- **고도 전환 훈련**
  큰 그림을 보다가 디테일을 보고, 다시 큰 그림을 보는 식으로
  시각을 의도적으로 전환하라. 지상에 묶여 있는 자신을 발견
  하면 관점을 높이 끌어올리려고 노력하고, 반대로 구름 속에
  갇혀 있다고 생각하면 의도적으로 지상으로 내려와야 한다.

- **게임 능력을 키워주는 활동**
  체스, 퍼즐 같은 놀이는 두뇌 회전 속도를 빠르게 한다. 어떤
  수를 두고, 어떤 반대 수가 나올지를 생각하는 능력을 키워주
  는 활동이다.

체계적 문제 해결 능력 훈련

체계적 문제 해결이란 문제를 단계별로 나누어 분석하는 방법
이다. 핵심 이해관계자들을 파악해 문제의 틀을 잡은 후, 몇 가
지 잠재적 해법을 도출하고 평가한다. 그중 최선을 선택해 실
행한다. 아래의 단계를 차근차근 밟아 체계적 문제 해결 능력
을 훈련하기 바란다.

- **체계적 문제 해결과 관련된 원칙들 이해**

  따라야 할 순시, 각각의 단계에서 사용하는 도구와 기법, 뜻하지 않은 함정과 도전 등 기본 원칙을 이해한다.

- **체계적 문제 해결 훈련**

  다른 전략적 사고 훈련처럼, 체계적 문제 해결 능력도 실제 적용을 통해 발전한다. 연습량과 실력 향상은 비례한다. 다양한 문제를 다루고, 관계자들의 피드백을 받는다.

비전 훈련

비전 훈련이란 조직의 미래를 위한 흡인력 있고 가슴 설레는 청사진을 고안해, 그것으로 조직원들을 이끌고 의욕을 고취하는 과정을 말한다. 비전은 조직의 미래를 보여주는 한 장의 선명하고 설레는 사진과 같아서 조직과 조직원들에게 방향성과 의미를 심어준다. 아래의 방법으로 비전 훈련 능력을 끌어올릴 수 있다.

- **목표를 달성하는 비전의 바탕이 되는 원칙 이해**

  리더에게 비전이 갖는 의미, 흡인력 있는 비전의 특성, 강력한 단순화를 통해 비전을 개발하고 전달하는 과정 등 기본 원칙을 확실하게 이해한다.

- **미시적 차원의 비전 연습**practising microvisioning

  비전 능력을 연습할 수 있는 문제, 쟁점, 상황을 찾아라. 어떻게 상황을 대폭 개선할 수 있을지를 생각하라. 5장에서 다룬 '건축가 훈련법'을 활용해 어떻게 '상황'을 다르게 배치할지를 상상하라.

정치적 수완 훈련

정치적 수완은 조직 내외부의 정치 환경을 항해하며, 영향력을 행사하는 능력이다. 아래의 방법을 통해 다양한 이해당사자들이 가진 동기와 관심 사항을 이해하고, 관계망을 짜 영향력 행사 전략을 수립한다.

- **정치 지형 관찰과 분석**

  정치적 렌즈로 조직이나 조직 외부 환경을 바라본다. 이해당사자를 식별하고, 그들이 이루고자 하는 과제가 무엇인지를 정확히 이해하는 데 초점을 맞춘다.

- **영향력 역학의 구도 이해하기**

  누가 누구에게 왜 영향력을 행사하고, 누가 왜 힘이 있는지 그 패턴을 파악하라.

여섯 가지 훈련 방법에 추가해 전략적 사고 능력을 향상하는 데 유용한 일반적인 습관을 소개한다.

- **자기 생각을 들여다보고 평가하기**

  능력에 진전이 있는지 주기적으로 평가하는 시간을 갖고, 잘하고 있는 부분과 개선할 부분을 파악한다. 그러면 우선순위가 세워져 전략적 사고자로 꾸준히 성장할 수 있다.

- **의견과 조언 구하기**

  발전하는 전략적 사고자가 되려면 멘토, 동료, 전문가 등 사람들에게 조언을 구하는 시스템을 갖추어야 한다. 그들의 귀중한 시각과 식견이 당신의 전략적 사고에 보탬이 될 것이다.

전략적 사고를 하는 팀

조직 리더가 전략적 사고를 키워가는 방법을 집중적으로 살펴보았다. 실제로 조직에서 전략적 사고는 대부분 팀으로 이루어진다. 당신이 이끄는 팀에 어떻게 전략적 사고 능력을 불어넣을지를 고민하라.

가장 먼저 팀원들에게 무엇이 전략적 사고이고, 무엇이 전략적 사고가 아닌지를 이해시켜야 한다. 그다음 팀 전체가 〈그림 1〉의 인지-우선순위 결정-조직 동원, 즉 RPM 사이클을 보며, 팀이 얼마나 효과적으로 조직되어 있는지 어떻게 순환 주기를 줄일 수 있을지를 논의하라. 여섯 가지 전략적 사고 훈련법을 몇 회에 걸쳐 소개해 각각의 정의, 중요성, 훈련 방법을 자세히 살펴본다. 이 책을 팀원들에게 읽게 한 후, 함께 토론해도 좋겠다. 아래의 전략도 팀의 전략적 사고 역량을 키우는 데 큰 도움이 될 것이다.

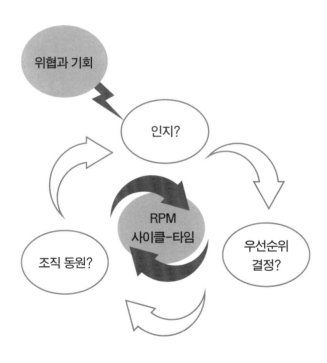

그림 1 　인지-우선순위 결정-조직 동원 사이클(RPM 사이클)

- **전략적 사고 문화 유도**

  팀원들 간에 본보기를 삼거나 전략적 사고를 보상하는 식으로, 전략적 사고의 가치를 높이 사고 격려하는 문화를 만든다.

- **발전 기회 제공**

  워크숍, 세미나, 멘토링, 전문가 교육 등 팀원들의 전략적 사고 능력을 향상할 기회를 마련한다.

- **협업 도모**

  팀원들이 시야를 넓히고 패턴 인식 능력을 키울 수 있도록 아이디어를 널리 공유할 것을 권장하라. 정기 회의로 시간을 따로 마련하거나, 팀원들이 함께할 구체적인 프로젝트를 제안한다.

- **실질적 학습에 대한 투자**

  4장에서 자세히 다룬 접근법들을 활용한다. 팀원들이 새로운 아이디어를 시험해보고 문제를 체계적으로 해결할 수 있도록 지원해 학습을 촉진하는 방법도 고려할 만하다. 또한 실험 예산을 편성하고, 혁신을 도모할 시간을 할당하며, 실패와 성공을 통해 배울 수 있는 기회를 제공한다.

전략적 사고는 기업 리더들이 꼭 갖추어야 할 필수 자질이고, 앞으로 그 중요성은 더 커질 것이다. 기업 환경이 점점 더 복잡해지고 불확실해지며 변동성이 커지고 모호해지고 있기 때문이다. 이런 환경에서 전략적 사고를 한다면, 당신이 이끄는 조직의 경쟁적 우위는 오래 지속될 것이다.

전략적 사고 능력을 키워나가는 만큼 기술 발전, 시장 변화, 새로운 경쟁과 같은 외부 환경 변화를 예측하고, 대응하는 능력도 함께 향상된다. 또한 조직의 강점과 약점을 이해하고, 그것에 맞게 자원을 할당하고, 계획의 우선순위를 정하고, 절충안을 마련하는 데도 도움이 될 것이다.

전략적 사고는 나날이 그 중요성이 커지는 혁신과도 연관된다. 조직이 경쟁력을 유지하려면, 어떻게 혁신을 통해 새로운 상품, 서비스, 비즈니스 모델을 창안할지 전략적으로 생각해야 한다. 이때 필요한 것은 창의적 사고와 계산된 위험 감수 능력이다.

전략적 사고를 더 가치 있게 만드는 또 다른 요인은 나날이 커지는 데이터와 데이터 분석 능력의 중요성이다. 데이터를 수집하고 분석하고 사용하는 능력은 정보에 기반해 전략적인 결정을 내리는 필수조건이다. 비판적으로, 분석적으로 사고하는 과정에서 데이터와 AI 기술에 거부감이 없어야 한다.

세계경제의 상호연관성이 나날이 커짐에 따라 전략적 사고의 중요성도 함께 커질 것이다. 복잡한 글로벌 비즈니스 환경을 헤쳐나가려면 주요 관계자, 이해당사자들과 관계를 맺고 유지하는 일에 대해 전략적으로 사고해야 한다.

서론

1   Samantha Liss, "Advocate Aurora, Atrium Health to merge, creating $27B system", *Healthcare Dive,* 11 May 2022.

2   Robert Kabacoff, "Develop Strategic Thinkers Throughout Your Organization", *Harvard Business Review, 7* February 2014.

3   Zenger Folkman, "Developing Strategic Thinking Skills: The Pathway to the Top",zengerfolkman.com/articles/developing-strategic-thinking-skills-the-pathway-to-the-top/,8 February 2021.

4   Tom and David Kelley, *Creative Confidence: Unleashing the Creative Potential Within Us All*, Currency, 2013[톰 켈리·데이비드 켈리, 《유쾌한 크리에이티브》, 박종성 옮김, 청림출판, 2014].

5   Nigel Cross, *Design Thinking: Understanding How Designers Think and Work*, Bloomsbury Visual Arts, second edition, 2023[나이절 크로스, 《디자이너의 일과 생각》, 박성은 옮김, 안그라픽스, 2020].

6   Warren Bennis and Burt Nanus, *Leaders: The Strategies for Taking Charge*, HarperBusiness, 2004. For an account of the history of its adoption and elaboration by the US Army, see "Who first originated the term VUCA (Volatility, Uncertainty, Complexity and Ambiguity)?", U.S. Army Heritage and Education Center, usawc.libanswers.com/faq/84869. For a more recent discussion of the implications for business, see Nate Bennett and G. James Lemoine, "What VUCA Really Means for You", *Harvard Business Review*, January – February

2014.

7 C. Basu, "The Importance of Porter's Diamond & Porter's Five Forces in Business", *Houston Chronicle*, 30 August 2021.

8 D. L. Costill, W. J. Fink and M. L. Pollock, "Muscle fiber composition and enzyme activities of elite distance runners", *Medicine & Science in Sports & Exercise*, Volume 8, Issue 2, summer 1976.

1장   패턴 인식 훈련

1 Arthur van de Oudeweetering, *Improve Your Chess Pattern Recognition*, New in Chess, 2014.

2 D. Silver, J. Schrittwieser, K. Simonyan et al., "Mastering the game of Go without human knowledge", *Nature*, Volume 550, 2017.

3 Jon Russell, "Google's AlphaGo AI wins three-match series against the world's best Go player", *TechCrunch*, 25 May 2017.

4 Jack Welch commenting on shipping magnate Cornelius Vanderbilt's decision to invest in railways, Episode 1 – "A New War Begins" – of the 2012 History Channel mini-series The Men Who Built America.

5 Srini Pillay, "Your Brain Can Only Take So Much Focus", *Harvard Business Review*, 12 May 2017.

6 Daniel Kahneman, "Of 2 Minds: How Fast and Slow Thinking Shape Perception and Choice [Excerpt]", *Scientific American*, 15 June 2012.

7 See "Bet You Didn't Notice 'The Invisible Gorilla'", NPR, 19 May 2010.

8 Nassim Nicholas Taleb, *The Black Swan: The Impact of the Highly Improbable*, Random House, 2007 [나심 니콜라스 탈레브, 《블랙 스완》, 차익종 · 김현구 옮김, 동녘사이언스].

9 다음을 볼 것. Daniel Kahneman, *Thinking, Fast and Slow*, Farrar, Straus and Giroux, 2011 [대니얼 카너먼, 《생각에 관한 생각》, 이창신 옮김, 김영사, 2018].

10 Phil Rosenzweig, *The Halo Effect . . . and the Eight Other Business Delusions That Deceive Managers*, Free Press, 2007 [필 로젠츠바이크, 《헤일로 이펙트》, 이주형 옮김, 스마트비즈니스, 2007].

11 Ronak Patel, R. Nathan Spreng and Gary R. Turner, "Functional brain changes following cognitive and motor skills training: a quantitative metaanalysis" *Neurorehabilitation and Neural Repair*, Volume 27, Issue 3, March – April 2013.

12 Todd B. Kashdan, Ryne A. Sherman, Jessica Yarbro and David C. Funder,

"How are curious people viewed and how do they behave in social situations? From the perspectives of self, friends, parents, and unacquainted observers", *Journal of Personality*, Volume 81, Issue 2, April 2013.

13 "Federal Express's Fred Smith on Innovation (1986 Interview)", *Inc.*,1 October 1986.

14 Lesley Bartlett and Frances Vavrus, "Comparative Case Studies", *Educação & Realidade*, Volume 42, Issue 3, July 2017.

15 Gary Klein, "Developing Expertise in Decision Making", *Thinking & Reasoning*, Volume 3, Issue 4, 1997.

2장 시스템 분석 훈련

1 Nicholas G. Heavens, Daniel S. Ward and Natalie M. Mahowald, "Studying and Projecting Climate Change with Earth System Models", *Nature Education Knowledge*, Volume 4(5), Issue 4, 2013.

2 Mary-Ann Russon, "The cost of the Suez Canal blockage", BBC News, 29 March 2021, bbc.co.uk/news/business-56559073.

3 Edward Segal, "Blocked Suez Canal Is Latest Reminder Why Companies Need Crisis Plans", *Forbes*, 27 March 2021.

4 "Cascading failure", Wikimedia Foundation, accessed 22 July 2022, https://en.wikipedia.org/wiki/Cascading_failure.

5 Mark DeCambre, "Hedge- fund investor who made $2.6 billion on pandemic trades says omicron could be bullish for stock market", *MarketWatch*, 29 November 2021.

6 Jay R. Galbraith, *Designing Organizations: An Executive Guide to Strategy, Structure, and Process*, Jossey-Bass, 2001[제이 R. 갤브레이스, 《조직 설계 방법론》, 김현주·정재상 옮김, 시그마인사이트컴, 2005].

7 Tom Peters, "A Brief History of the 7-S ('McKinsey 7-S') Model", tompeters.com/2011/03/ a-brief-history-of-the-7-s-mckinsey-7-s-model/

8 Peter M. Senge, *The Fifth Discipline: The Art & Practice of the Learning Organization*, Doubleday Business, 1990[피터 센게, 《제5경영》, 안중호 옮김, 세종서적, 1996].

9 Eliyahu M. Goldratt and Jeff Cox, *The Goal: A Process of Ongoing Improvement*, 30th Anniversary Edition, North River Press, 2012[엘리 골드렛·제프 콕스, 《더골》, 강승덕·김일운·김효 옮김, 동양북스, 2019].

10 Mia Rabson, "From science to syringe: COVID-19 vaccines are miracles of science and supply chains", *Toronto Star*, 27 February 2021.

11 Amit S. Mukherjee, *Leading in the Digital World: How to Foster Creativity, Collaboration, and Inclusivity (Management on the Cutting Edge)*, The MIT Press, 2020.

12 Michael D. Watkins, "Assessing Your Organization's Crisis Response Plans", Harvard Business School Background Note 902-064, September 2001.

13 U.S. Army Center for Army Lessons Learned, www.army.mil/CALL.

14 Steven Schuster, *The Art of Thinking in Systems: A Crash Course in Logic, Critical Thinking and Analysis-Based Decision Making*, independently published, 2021.

15 Kristina M. Gillmeister, "Development of Early Conceptions in Systems Thinking in an Environmental Context: An Exploratory Study of Preschool Students' Understanding of Stocks & Flows, Behavior Over Time and Feedback", PhD diss., State University of New York at Buffalo, 2017, Publication Number: AAT 10256359; Source: *Dissertation Abstracts International*, Volume: 78-11(E), Section: A, 2017.

3장 정신적 민첩성 훈련

1 전체 인용은 다음을 볼 것. "Seven Ways to Be More Curious", *Psychology Today*, 31 July 2014.

2 "First- move advantage in chess", Wikimedia Foundation, accessed 14 September 2022, en.wikipedia.org/wiki/ First-move_advantage_in_chess.

3 "Game Theory - First Mover Advantage", Economics: Study Notes, Tutor2u.net, accessed October 2022, www.tutor2u.net/economics/reference/game-theory-first-mover-advantage.

4 In 1994, American mathematician John Forbes Nash, Jr. won a Nobel Prize for developing the concept of Nash equilibrium in game theory.

5 "Extensive- form game", Wikimedia Foundation, accessed 5 October 2021, en.wikipedia.org/wiki/ Extensive-form_game.

6 Steven D. Levitt, John A. List and Sally E. Sadoff, "Checkmate: Exploring Backward Induction among Chess Players", *American Economic Review*, Volume 101, Issue 2, April 2011.

7 George Wright and George Cairns, *Scenario Thinking: Practical Approaches*

to the Future, Palgrave Macmillan, 2011.

4장   체계적 문제 해결 훈련

1   1950년대 프로젝트 관리에 사용되어 익히 알려진 개념 RACI(Responsible, Ac-
    countable, Consulted, Informed)를 변형한 것이다. Bob Kantor, "The RACI ma-
    trix: Your blueprint for project success", CIO, 14 September 2022, www.cio.
    com/article/287088/ project-management-how-to-design-a-successful-
    raci-project-plan.html.

2   공정한 절차에 대한 개념은 법 제도의 절차 공정성에 뿌리를 두고 있다. "Procedural
    justice", Wikimedia Foundation, accessed 14 April 2022, en.wikipedia.org/
    wiki/Procedural_justice. For an example of applying the concept to leader-
    ship, see W. Chan Kim and Renée Mauborgne, "Fair Process: Managing in
    the Knowledge Economy", *Harvard Business Review*, January 2003.

3   Albert Einstein and Leopold Infeld, *The Evolution of Physics*, Cambridge Uni-
    versity Press, 1938.

4   Arnaud Chevallier and Albrecht Enders, *Solvable: A Simple Solution to Com-
    plex Problems*, FT Publishing International, 2022.

5   상동.

6   Amos Tversky and Daniel Kahneman, "Loss Aversion in Riskless Choice: A
    Reference-Dependent Model", *The Quarterly Journal of Economics*, Volume
    106, Issue 4, November 1991.

7   Michael A. Roberto, *Unlocking Creativity: How to Solve Any Problem and
    Make the Best Decisions by Shifting Creative Mindsets*, Wiley, 2019.

8   Graham Wallas, *The Art of Thought*, Harcourt, Brace and Company, 1926.

9   Daniel Ames, Richard Larrick and Michael Morris, "Scoring a Deal: Valuing
    Outcomes in Multi-Issue Negotiations", Columbia CaseWorks: Columbia
    Business School, spring 2012.

5장   비전 훈련

1   For an introduction to the process of visioning see Chapter 11 of Senge, *The
    Fifth Discipline*.

2   Christopher K. Bart, "Sex, lie, and mission statements", *Business Horizons*,

Volume 40, Issue 6, November – December 1997.

3   For original quotation see Susan Ratcliffe (ed.), *Oxford Essential Quotations(4 ed.)*, Oxford University Press, published online, 2016.

4   Shawn Achor, Andrew Reece, Gabriella Rosen Kellerman and Alexi Robichaux, "9 Out of 10 People Are Willing to Earn Less Money to Do More-Meaningful Work", *Harvard Business Review*, 6 November 2018.

5   Joseph Folkman, "8 Ways To Ensure Your Vision Is Valued", *Forbes*, 22 April 2014.

6   John T. Perry, Gaylen N. Chandler and Gergana Markova, "Entrepreneurial Effectuation: A Review and Suggestions for Future Research", *Entrepreneurship Theory and Practice*, Volume 36, Issue 4, July 2012.

7   Jim Collins and Jerry I. Porras, *Built to Last: Successful Habits of Visionary Companies*, third edition, Harper Business, 1994[짐 콜린스·제리 I. 포라스, 《성공하는 기업들의 8가지 습관》, 워튼 포럼 옮김, 김영사, 2002].

8   "Address to Joint Session of Congress May 25, 1961", jfklibrary.org, accessed 5 January 2022.

9   Jan Trott, "Man walks on the moon: 21 July 1969", *Guardian*, 19 July 2019.

10 David C. McClelland, *Human Motivation*, Cambridge University Press, 1988.

11 '강력한 단순화'라는 용어를 최초로 사용한 사람은 보스턴컨설팅그룹의 창립자 브루스 헨더슨(Bruce Henderson)이다. 고객사들이 문제의 틀을 잡는 데 도움을 주려고 만든 프레임과 모델로 구성되어 있다. 자세한 내용은 다음을 볼 것. Lawrence Freedman, *Strategy: A History*, Oxford University Press, 2013.

12 Howard E. Gardner, *Leading Minds: An Anatomy of Leadership*, Basic Books, 1995[하워드 가드너, 《비전과 포용》, 송기동·문용린 옮김, 북스넛, 2006].

13 Kendall Haven, *Story Smart: Using the Science of Story to Persuade, Influence, Inspire, and Teach*, Libraries Unlimited, 2014.

14 This comes from a presentation on "Positive Intelligence" by Bill Carmody.

15 Paul Hekkert, Clementine Thurgood and T.W. Allan Whitfield, "The mere exposure effect for consumer products as a consequence of existing familiarity and controlled exposure", *Acta Psychologica*, Volume 144, Issue 2, October 2013.

16 Edgar Dale, *Audio-Visual Methods in Teaching*, third edition, Holt, Rinehart & Winston, 1969.

17 "McDonald's Mission and Vision Statement Analysis", mission-statement. com/mcdonalds.

18 George L. Roth and Anthony J. DiBella, "Balancing Push and Pull Change",

Systemic Change Management, Palgrave Macmillan, 2015.

19 Alison Rose, "CEO Alison Rose Day 1 speech", NatWest Group, 1 November 2019, www.rbs.com/rbs/news/2019/12/ ceo-alison-rose-day-1-speech. html.

20 Amanda Blanc, "Amanda Blanc: 2020 was truly Aviva at our best", www.you-tube.com/watch?v=bz4rljrJf0o, 21 Dec 2020.

21 Garth S. Jowett and Victoria J. O'Donnell, *Propaganda and Persuasion*, SAGE Publications, third edition, 1992.

22 bombardier.com/en/ who-we-are/our-history.

23 Chris Loh and Luke Bodell, "The Rise and Fall of Bombardier Aerospace", *Simple Flying*, 12 June 2020.

24 "From War to Partner: Airbus and the CSeries", *Leeham News and Analysis*, 18 October 2017.

25 Frédéric Tomesco, "What went wrong at Bombardier? Everything", *Montreal Gazette*, 8 February 2020.

26 Peggy Hollinger, "Airbus vows to make Bombardier aircraft a success", *Financial Times*, 8 June 2018.

6장   정치적 수완 훈련

1 다음을 볼 것. Michael D. Watkins, "Government Games", *MIT Sloan Management Review*, Winter 2003 and Michael D. Watkins, "Winning the Influence Game: Corporate Diplomacy and Business Strategy", *Harvard Business Review*, 2003.

2 David A. Lax and James K. Sebenius coined these terms. See "Thinkin Coalitionally: Party Arithmatic, Process Opportunism, and Strategic Sequencing", in H. Peyton Young (ed.), *Negotiation Analysis*, University of Michigan Press, 1991.

3 집단역학(group dynamics) 분야의 선구자인 쿠르트 레빈(Kurt Lewin)은 추진력과 억제력 개념에 기반해 사회변화 모델을 제안했다. 레빈이 제시한 가장 근본적인 비전 중 하나는 집단, 조직, 국가 같은 인간 공동체는 변화를 요구하는 힘과 그 변화를 저항하는 힘 사이의 긴장 관계 안에서 존재하는 사회적 시스템이라는 것이다. "사회에 존재하는 시스템의 행동 양식은 무수한 힘이 작용한 결과다. 서로를 지지하는 힘도 있지만, 충돌하는 힘도 있다. 일부는 추진력이고 또 다른 일부는 억제력이다. 강물의 유속처럼, 한 집단이 겉으로 드러내는 행동은 상충하는 힘들이 어느 수준에서 평형에 다다랐는가에 달려 있다." Kurt Lewin, *Field Theory of Social Science: Selected*

Theoretical Papers, Harper & Brothers, 1951.

4　Leo Ross and Richard E. Nisbett, *The Person and the Situation: Perspectives of Social Psychology*, second edition, Pinter & Martin Ltd., 2011.

5　David Krackhardt and Jeffrey R. Hanson, "Informal Networks: The Company Behind the Chart", *Harvard Business Review*, July – August 1993.

6　Virgil Scudder, Ken Scudder and Irene B. Rosenfeld, *World Class Communication: How Great CEOs Win with the Public, Shareholders, Employees, and the Media*, first edition, Wiley, 2012.

7　Aristotle, *The Art of Rhetoric*, trans. Hugh Lawson-Tancred, Penguin Classics, 1991.

8　Robert B. Cialdini, *Influence: The Psychology of Persuasion*, William Morrow, 1984[로버트 치알디니, 《설득의 심리학》, 황혜숙·임상훈 옮김, 21세기북스, 2023].

9　James Clear, "Why Facts Don't Change Our Minds", https://jamesclear.com/why-facts-dont-change-minds,accessed 18 May 2023.

10　Roger Fisher and William Ury with Bruce Patton, *Getting to Yes: Negotiating an Agreement Without Giving In*, Houghton Mifflin, 1991[로저 피셔·윌리엄 유리·브루스 패튼, 《Yes를 끌어내는 협상법》, 박영환·이성대 옮김, 장락, 2014].

11　James K. Sebenius, "Sequencing to Build Coalitions: With Whom Should I Talk First?" in *Wise Choices: Decisions, Games, and Negotiations*, ed. Richard J. Zeckhauser, Ralph L. Keeney and James K. Sebenius, Harvard Business School Press, 1996.

12　The term "action-forcing events" was coined by Michael Watkins in "Building Momentum in Negotiations: Time-related Costs and Action-forcing Events" *Negotiation Journal*, Volume 14, Issue 3, July 1998.

13　For more information on this exercise, see Trainers Toolbox, "Perceptual positions: powerful exercise to strengthen understanding and empathy", www.trainers-toolbox.com/ perceptual-positions-powerful-exercise-to-strengthen-understanding-and-empathy/,accessed 18 May 2023.

결론

1　일부 조언은 다음을 참조한다. Nina A. Bowman, "How to Demonstrate Your Strategic Thinking Skills", *Harvard Business Review*, 23 September 2019.

2　Dana Asby, "Why Early Intervention is Important: Neuroplasticity in Early Childhood", Center for Educational Improvement, edimprovement.org/post/

why-early-intervention-is-important-neuroplasticity-in-earlychildhood, 9
July 2018.

감사의 글

이 책은 재능있는 연구자이자 작가이자 편집자인 세바스티안 머리Sebastian Murray와의 생산적인 협업의 결과물이다. 세바스티안은 자료 조사, 일부 장의 초안 작성, 편집에 큰 도움을 주었다. 집필 과정 내내 깊은 비전을 주었고, 도움을 아끼지 않았다. 깊은 감사를 표한다.

이 책은 펭귄랜덤하우스 영국 지사 편집장 루시 오츠Lucy Oates의 의뢰로 시작되었다. 루시는 경영서 시장에서 전략적 사고를 주제로 한 심도 있고 접근하기 쉬운 책이 필요하다고 믿었다. 루시는 감사하게도 나에게 그 프로젝트를 제안해주었다. 집필과 편집 과정 내내 지원을 아끼지 않았던 루시의 후임 제랄딘 콜라드Géraldine Collard와 팀원들에게도 감사드린다.

이 책의 잠재력을 알아보고 북미 시장에서 전폭적인 지원을 해준 하퍼비즈니스 출판사 수석 부사장 홀리스 하임보우Hollis Heimbouch에게도 감사드린다.

서론과 이후 장들에 언급된 전략적 사고의 사례들은 진 우즈가 미국 내 최대 비영리 의료 시스템 중 하나로 발돋움한 에드버케이트 헬스를 키워가는 여정에서 나왔다. 진과 7년 넘게 협업한 것을 영광으로 생각한다. 진은 세계적 수준의 최고경영자임은 물론, 내가 알고 있는 최고의 전략적 사고자 중 한 명이다. 흔쾌히 자신의 이야기를 공유할 수 있도록 허락해준 것에 무척 감사드린다.

집필을 위해 이루어진 조사에는 50명 이상의 간부와의 인터뷰가 있었다. 그들의 비전과 말을 책 전반에 담았다. 경험을 나누어준 데 깊이 감사드린다. 많은 시간을 할애해준 서모피셔 사이언티픽 제약 사업부 부사장 카밀로 코보스Camilo Cobos에게 특별히 감사 인사를 전한다.

전략적 사고에 관심을 둔 계기는 30년 전 하버드대학교에서 의사결정 과학decision science을 전공으로 박사학위를 밟을 때였다. 논문 지도교수 중 한 분이 의사결정론, 협상론, 게임 이론의 주요 개념들을 개발한 저명한 학자 하워드 라이파Howard Raiffa였다. 그는 '게임과 의사결정' 분야에 대한 내 관심을 자극했고, 전략적 사고 프레임과 도구를 가르쳐주었다. 그 가르침을 내 경력 전반에 두루 활용했고, 3장 '정신적 민첩성 훈련'을 작성할 때도 참고했다.

내가 전략적 사고에 대해 더 깊이 숙고할 수 있도록 도와준 훌륭한 동료들에게 감사한다. 아미트 무케르지와 알브레히트 엔더스의 도움에 특별했다. 2장 '시스템 분석 훈련'의 후반부 절반은 아미트와 내가 함께 연구했던 적응형 조직 설계와 우리가 '사륜구동 모델'이라고 불렀던 연구에 근거했다. 2장 외에 책의 다른 장에서도 아미트가《디지털 세계의 거미 전략The Spiders' Strategy and Leading in a Digital World》에서 개발한 중요 개념을 여러 차례 언급했다. 독자분도 꼭 읽어보길 바란다.

4장 '체계적인 문제 해결'은 알브레히트 엔더스와 국제경영개발원의 동료 아르노 체발리에르가 함께 쓴《해결할 수 있다》에 나온 뛰어난 연구와 사례에서 큰 영감을 받았다. 나는 알브레히트와 함께 IMD에서 '비즈니스 리더로 거듭나기 프로그램'을 진행하고 있다. 우리는 둘도 없는 동료이자 친구이다. 알브레히트가 조직 간부들에게 조직이 마주한 복잡한 문제를 해결하는 데 체계적인 문제 해결이 강력한 수단이라고 지도하는 것을 보며, 체계적인 문제 해결이 전략적 사고에서 빠져서는 안 될 개념이라는 확신을 얻었다. 그의 '영웅-원정-보물-용' 은유는 체계적인 문제 해결을 실행에 옮길 때 기억하기 쉬운 유용한 접근법이다.

국제경영개발원은 이 책의 집필과 조사를 위한 연구 자금을 지원했다. 연구지원팀, 특히 세드리크 바우처Cédric Vaucher에게 감사를 전한다. 지원과 격려를 아끼지 않았던 국제경영개발원 총장 장 프랑수아 만초니와 연구처장 아난드 나라시만Anand Narasimhan에게도 인사를 전한다.

다년간의 연구와 집필 과정에서 인내심과 격려를 아끼지 않은 리치 베츨라어Rich Wetzler와 내가 설립한 컨설팅 회사 제네시스 어드바이저스Genesis Advisers 팀원들의 지원에 깊이 감사한다.

이 책을 나의 아내 카티아 블라코스Katia Vlachos에게 바친다. 집필 제안을 받았을 때 해보라고 응원해준 사람이 카티아였다. 해본 적 없어 확신이 없었던 내게 해낼 수 있고 해야 할 의미도 있다는 사실을 깨닫게 해주었다. 집필 중 내가 힘들어할 때도 늘 곁에서 한결같은 응원을 보냈다. 카티아의 지지가 없었다면 이 책은 완성될 수 없었다. 진심으로 감사한다.